Veen

Sozialismus, Kommunismus und die Integration Westeuropas

Hans-Joachim Veen

Sozialismus Kommunismus und die Integration Westeuropas

Verlag Ernst Knoth

Redaktion:
Referat für Publikationswesen der Konrad-Adenauer-Stiftung

Gesamtherstellung Ernst Knoth, Melle

ISBN 3-88368-002-8

Inhalt

Vorbemerkung 7

I. Sozialismus, Kommunismus und die Integration Westeuropas 9

1. *Zur Kritik sozialistischen und eurokommunistischen Denkens* 9
a) Das Europäische Parlament und die Konstituierung Westeuropas 10
b) Die Notwendigkeit einer Zusammenschau sozialistischer und kommunistischer Parteien 14
c) Sozialistische Zielpolitik und das strategische Politikverständnis der Eurokommunisten 16
(1) Die Verstaatlichung der Demokratie 16
(2) Eurokommunismus oder die Konzentration auf den Weg zu dialektischen Zielen 18

2. *Länderstudien* 27
a) Die Sozialistische und die Kommunistische Partei Frankreichs 27
b) Die Spanische Linke 31
c) Kommunismus und Sozialismus in Italien 35
d) Die politische Linke Griechenlands 40
e) Die Linke in Großbritannien 44
f) Die sozialistischen Parteien und die Kommunistische Partei Dänemarks 47
g) Die Norwegische Linke 50

3. *Folgerungen: Möglichkeiten sozialistisch-kommunistischer Politik für Westeuropa* 54

II. Materialien 59

1. Resolutionen der Sozialistischen Internationale und gemeinsame Erklärungen eurokommunistischer Parteien in Auszügen 59

2. Parlamentsstatistik westeuropäischer Staaten 71

III. Ausgewählte Literatur 77

Vorbemerkung

Natürlich hätte man manches mehr differenzieren und ausführlicher darstellen sollen: Die Auseinandersetzung mit sozialistischem und eurokommunistischem Denken erfolgt nur in einigen kritischen Ansätzen. Das gilt auch für dessen ideologische Gewichtung vor dem Hintergrund der mäßigenden Prinzipien des westlich-demokratischen Verfassungsstaats und für die Frage nach der geistigen Verwandtschaft sozialistischer und eurokommunistischer Denkweisen. Die sich anschließenden Kurzanalysen sozialistischer und kommunistischer Parteien in sieben Ländern konzentrieren sich auf wesentliche programmatische Vorstellungen zur Ordnungs-, Europa- und Sicherheitspolitik; die Folgerungen hinsichtlich der Felder einer möglichen gemeinsamen sozialistisch-kommunistischen Politik auf europäischer Ebene konnten nur in Umrissen skizziert werden.

Schließlich wollte ich mich einiger besorgter Bemerkungen zur möglichen Entwicklung des Arbeitsstils, der Auslese Europäischer Parlamentarier und der Einfügung des Europäischen Parlaments in die demokratischen Verantwortlichkeitsbezüge, deren bewußtseinsmäßige Aufrechterhaltung für ein freiheitliches Verfassungsverständnis schlechthin legitimierend und unverzichtbar ist, nicht enthalten. Auch sie fielen nur knapp aus.

Hätte man aber all die wünschenswerten bis notwendigen Differenzierungen unternommen, dann wäre ein mehrbändiges Werk entstanden und die Absicht dieser Broschüre verfehlt worden, zumal das Sozialwissenschaftliche Forschungsinstitut der Konrad-Adenauer-Stiftung im Sommer und Herbst 1978 in der UTB-Reihe zwei Sammelbände „Sozialistische und kommunistische Parteien in Westeuropa“ herausbringt, die vertiefende Länderanalysen auf dem neuesten wissenschaftlichen Stand enthalten.

Diese Broschüre will demgegenüber in erster Linie dem politisch interessierten Nichtfachmann eine kompakte und zusammenschauende Information bieten, die sich auf wesentliche Linien der Parteientwicklung beschränkt, dabei kritische Maßstäbe, Fragestellungen und Thesen vermitteln und schließlich als Arbeitsbuch dienen, das Materialien und weiterführende Literaturhinweise an die Hand gibt.

Demgemäß wird die neuere politisch-programmatische Entwicklung der Parteien zunächst in eine verallgemeinernde kritische Würdigung von Grundzügen sozialistischer und eurokommunistisch-marxistischer Ideologie eingebettet. Außerdem wird auf den macht- und koalitionspolitischen Aspekt mehr Gewicht gelegt als das meistens geschieht. Da sich die Diskussion über Linksparteien in Westeuropa bislang fast ausschließlich auf den Eurokommunismus konzentrierte, blieben die sozialistischen Parteien der verschiedenen Schattierungen und damit auch die Fragen nach den Chancen von Volksfront-Koalitionen auf nationaler und möglicherweise auf europäischer Ebene weithin ausgeblendet, obschon erst die Zusammenschau von Sozialisten und Kommunisten eine angemessene Beurteilung der Möglichkeiten sozialistischer und kommunistischer Politik erlaubt. Der hier verfolgte kombinierte Untersuchungsansatz ist schließlich vor allem im Zusammenhang der europäischen Integration und der zukünftigen politischen und Verfassungsentwicklung Westeuropas notwendig, da ein Zusammenspiel von Sozialisten und (Euro)-kommunisten auf europäischer Ebene in verschiedener Beziehung noch eher und ungehemmter möglich erscheint als im nationalen Kontext, in dem vielfach andere Faktoren das Parteienhandeln bestimmen.
Durch die Aufnahme eines Materialienteils mit wichtigen programmatischen Erklärungen der Sozialistischen Internationale und eurokommunistischer Parteien, statistischen Übersichten über die Entwicklung der Sitzverteilung in den Parlamenten aller nicht-neutralen westeuropäischen Staaten und einer Auswahl weiterführender Literatur hoffe ich, eine handliche Arbeitsgrundlage geschaffen zu haben, die auch dann noch von Nutzen sein kann, wenn manche aktuellen Passagen in den Länderanalysen bereits Geschichte geworden sind.

Westerhausen/St. Augustin b. Bonn, im April 1978 *H.-J. V.*

I. Sozialismus, Kommunismus und die Integration Westeuropas*

1. Zur Kritik sozialistischen und eurokommunistischen Denkens

Die Diskussion über die Linksparteien in Westeuropa hat sich am „Eurokommunismus" festgebissen und sich dabei ganz überwiegend auf das Phänomenologische, Geistesgeschichtliche und im allgemeinen Sinne Ideologische beschränkt. Das ist zumindest in der Bundesrepublik kaum verwunderlich, denn Ideologien, Utopien, Theoreme der Veränderung und Entwicklungsprozesse haben bestimmte „kritische" Soziologen- und Politologenschulen und auch intellektuelle Feuilletonisten schon immer viel mehr fasziniert als politische Institutionen, die konkreten Verfassungs- und Rechtsordnungen und die Bedingungen ihres Funktionierens. Demgemäß galt und gilt das publizistische und wissenschaftliche Interesse erstens den Ursachen und dem Stand des widerstreitenden Emanzipationsbestrebens westeuropäischer kommunistischer Parteien von der marxistisch-leninistisch-bürokratischen Orthodoxie der KPdSU und zweitens den ebenso bemerkenswerten wie schillernden Bekenntnissen der eurokommunistischen Parteien zu Freiheits- und Bürgerrechten, Demokratie, Parteienpluralismus und den Wettbewerbsregeln der westlich-liberalen Demokratie. Beides hat ihr jeweils selektives Verstehen bei Linksintellektuellen, Schwarmgeistern und Bürgerlich-Liberalen begünstigt. Den Interpretationen und Spekulationen eröffnen sich große Spielräume. Schon sehen Progressive und Romantiker ihre Träume des dritten Weges, eines „Sozialismus mit menschlichem Gesicht", eines „wahren, humanitären Kommunismus" im „Eurokommunismus" auf den Begriff gebracht. Schon wird auf bürgerlicher Seite weithin ideologi-

* Den Ausführungen liegt ein Aufsatz des Autors in ‚Die Politische Meinung', Nr. 176 (Jan./Febr. 1978), zugrunde, der für diese Broschüre überarbeitet, erheblich erweitert und aktualisiert wurde.

sche Entwarnung gegeben und eine Beruhigung vermittelt, die die ohnehin zunehmend ruhesuchenden, privatisierenden und zur Harmonie auf dem kleinsten gemeinsamen Nenner neigenden bürgerlichen Schichten begierig aufnehmen. Der internationalistisch-revolutionäre Giftzahn scheint gezogen, die Inkorporierung der quasi „hoffähig" gewordenen eurokommunistischen Parteien in das Spektrum „normaler", d. h. systemloyaler Linksparteien möglich, das Ende aller unbequemen weltanschaulichen Auseinandersetzung mithin gekommen zu sein.

Sicherlich sind die vielfältigen neueren Entwicklungen vor allem der *Vorreiter des Eurokommunismus, der italienischen, spanischen und in geringerem Maße auch der französischen kommunistischen Partei* besonders reizvolle Gegenstände intellektuellen Spekulierens. Sie stellen namentlich in Italien, Spanien und auch Frankreich vor dem Hintergrund dringend modernisierungsbedürftiger sozialer und wirtschaftlicher Strukturen eine geistig-politische Herausforderung ersten Ranges dar, sind populär und zwingen konkurrierende Parteien vor allem des sozialistischen Lagers, auf sie zu reagieren. Von ihnen können wesentliche Impulse für die Gestaltung der nationalen Politik und darüber hinaus für die Richtung europäischer Integrationsprozesse ausgehen. Hier knüpfen die Fragestellungen der nachstehenden Kurzanalysen über die Entwicklung und gegenwärtige Lage sozialistischer und kommunistischer Parteien in *Frankreich, Spanien, Italien, Griechenland, Großbritannien, Dänemark und Norwegen* an. Denn erstens kann davon ausgegangen werden, daß die wachsende Zusammenarbeit westeuropäischer Staaten ihre wechselseitigen Abhängigkeiten nicht nur ökonomischer, sondern mittels immer dichter und direkter werdender Kommunikation auch sozio-kultureller Art, den nachbarstaatlichen Im- und Export materieller und immaterieller Probleme gefördert hat. Damit verbunden stellt sich zweitens die viel weiterreichende Frage nach möglichen normativen politischen und institutionellen Entwicklungen der europäischen Integration, genauer: zum einen Fragen nach denkbaren inneren Ordnungsvorstellungen einer westeuropäischen Einigungspolitik, ihrer politischen, sozialen und ökonomischen Verfassung und zum anderen Fragen nach den möglichen Außenverhältnissen eines vereinten Westeuropas, seinen möglicherweise östlichen, westlichen oder neutralistischen Orientierungen und schließlich nach seiner Verteidigungsbündnispolitik.

a) *Das Europäische Parlament und die Konstituierung Westeuropas*

Die besondere Aktualität dieser Fragestellungen ergibt sich schon aus den näher rückenden Direktwahlen zum Europäischen Parlament. Welche Kompetenzen man ihm zu geben bereit ist, ja, ihm verantwortbar geben darf, ohne die nationale Verfassungsidentität zu gefährden, hängt vor allem von der prinzipiellen Einschätzung der Parteienentwicklung in der Europäischen Gemeinschaft ab. In jenem Zusammenhang kann es nur um die Frage ihrer *prinzipiellen Loyalität zum westlich-demokratischen Verfassungsstaat* gehen. Diese Frage stellt sich für die Bundesrepublik allerdings schon mit Schärfe, weil das Grundgesetz liberal-demokratische Prinzipien besonders weitgehend ausgebildet und zugleich institutionell gesichert hat. Das gilt vor allem für die grundrechtliche Sicherung des Respekts der personalen Würde des einzelnen und seiner privaten Freiräume, letztlich für die prinzipielle Ausgrenzung individuellen Glücksstrebens aus der Reichweite staatlicher Politik. Dieser, den westlich-demokratischen Verfassungsstaat schlechthin konstituierenden *inhaltlichen Begrenztheit* legitimer staatlicher Herrschaft entspricht ein System vielfältiger Gewaltenteilungen, institutioneller und pluralistischer Beschränkungen und Mäßigungen staatlicher Herrschaft und auch gesellschaftlicher und wirtschaftlicher Macht. Dazu gehört die Zuordnung verschiedener staatlicher Funktionen zu verschiedenen Staatsorganen, die zeitliche Beschränkung politischer Ämter durch periodische Wahlen; dazu kann ein bundesstaatlicher Aufbau beitragen. Wesentlich dafür ist die freie Gründung und Konkurrenz politischer Parteien auf dem Boden der Verfassung um die Herrschaft „auf Zeit“ ebenso wie ein freies und vielfältiges Verbands- und Interessenvereinigungswesen. Unabdingbar dafür ist eine freie Presse der verschiedenen Richtungen, damit kritische Öffentlichkeit möglich wird; konstitutiv auch eine von staatlichem Zugriff und Dirigismus im wesentlichen freie Entfaltung verschiedenartiger privatwirtschaftlicher, sozialer, kultureller und religiöser Aktivitäten und endlich eine unabhängige richterliche Gewalt, deren ranghöchstes Organ in der Bundesrepublik, das Bundesverfassungsgericht, als berufener Hüter der Verfassung und damit als Hüter der vielfältigen Beschränkungen politischer Herrschaft fungiert.

Schon die Frage nach der „prinzipiellen Loyalität“ zum westlichen Typus des Verfassungsstaates schließt also, wie man sieht, eine Fülle von

Zusatzfragen nach den notwendigen bzw. hinreichenden Konkretisierungen freiheitlicher Prinzipien ein, zu deren wesentlichsten und zugleich umstrittensten eine freiheitlich – und das bedeutet privatwirtschaftlich – organisierte Wirtschaftsordnung gehört, damit das kunstvolle System der wechselseitigen Begrenzungen und der pluralistischen Balancierung der Macht im politischen Gemeinwesen erhalten bleibt und die staatliche Herrschaft nicht in alle Lebensbereiche eindringen kann, nicht total und monolithisch wird.

Aber selbst wenn man gegenwärtig realistischerweise davon ausgeht, daß die *Kompetenzfrage für das Europäische Parlament* zunächst offengehalten wird und es einstweilen keinerlei verfassungsgebenden Rang erhält, weil der Weg zu einer gemeinsamen Konstitution Westeuropas angesichts sehr unterschiedlicher nationaler gesellschaftlicher, wirtschaftlicher und (partei-)politischer Lagen noch weit ist, wird es zunehmend wichtiger zu wissen, mit welchen politischen Zielen und Gestaltungskonzepten der kommunistischen und sozialistischen Parteien die Christlichen Demokraten, Konservativen und Liberalen in den westeuropäischen Staaten und insbesondere die überseeischen Partner der westlichen Allianz, die USA und Kanada, rechnen müssen und schließlich mit welchen Fraktionsbildungen und länger- und kurzfristigen parlamentarischen Bündnissen sie konfrontiert sein können. Denn man muß sich darauf einstellen, daß bereits die *Reden und Resolutionen* dieses Europäischen Parlaments eine beträchtliche normative Kraft für die zukünftige politische, soziale und wirtschaftliche Verfassung eines integrierten Europas entfalten können. In diesem bald demokratisch aufgewerteten, komfortabel ausgestatteten und vermutlich prominent repräsentierten Europäischen Forum können zudem die mäßigenden pragmatischen Handlungsbeschränkungen wegfallen, die das Reden und Handeln der Linksparteien im jeweiligen nationalen Kontext bestimmt haben, in dem sie z. T. in die Regierungs- und Koalitionsverantwortung eingebunden sind, bereits Ordnungsmächte darstellen, die an ihrem Handeln und nicht an ihrem Reden gemessen werden oder wo sie auf dem Sprung zur Teilhabe an der Regierungsmacht und -würde stehen.

Schon deshalb steht also zu befürchten, daß das Europäische Parlament eine Existenz fernab von den konkreten Problemen der Bürger und der Staaten führen könnte. Demgemäß wird ein wesentliches Problem für die Rolle und Arbeit des Europäischen Parlamentes sein, eine Beziehung zwischen Bürgern und europäischen Parlamentariern bewußtseinsmäßig herzustellen und aufrechtzuerhalten. Denn angesichts der ungemein groß gewordenen Entfernung zwischen Parlamentariern und Wählern ist die Gefahr latent, daß die *demokratischen Verantwortlichkeitsbeziehungen* überdehnt werden, zu abstrakt werden, um dem Menschen hinlänglich konkret bewußt bleiben zu können. Dieses Problem ist strukturell, es gilt grundsätzlich für alle Parlamentarier und alle Parteien. Zu seiner Begegnung oder Förderung kann die *Auslese der Kandidaten* für das Europäische Parlament wesentlich beitragen. Hier deuten sich jedoch bemerkenswerte Unterschiede der Parteien in der Behandlung an. Die gegenwärtig in der deutschen Sozialdemokratie zu beobachtende Praxis ist besonders problematisch. Dort werden prominente Politiker nominiert, die in Staatsämtern gescheitert sind, weil sie, wie Brandt oder Kühn, unfähig oder unwilig waren, Politik im Sinne Max Webers als ein beständiges Bohren in dicken Bohlen zu begreifen und sich der praktischen Politik und ihren Folgen verantwortlich zu stellen. Für diesen Typus politikunfähiger, entrückter „elder statesmen" gibt es praktisch überhaupt keine politisch einforderbare Verantwortlichkeit mehr, einerseits stehen sie am Ende ihrer politischen Karriere, andererseits können sie in Anerkennung ihrer vergangenen Verdienste auf die loyale Zurückhaltung ihrer Partei rechnen.

Ohnehin droht die Verkoppelung der Europäischen Parlamentarier mit der demokratischen „Basis" ausschließlicher denn je auf einer hohen Organisationsebene der politischen Parteien hängenzubleiben. Damit bietet sich gerade für sozialdemokratische und sozialistische Parteien eine Gelegenheit, ihre verbreiteten strukturellen ideologischen Dauerkonflikte dadurch beizulegen, daß ihre politischen Schwärmer und radikalen Ideologen nach Europa gehen. Damit ist sozialdemokratischen Revisionisten und sozialistischen Ideologen gleichermaßen gedient. Dort, wo die praktische Politik vor den Bürgern verantwortet werden muß, auf der nationalen Ebene, werden die Parteien ideologisch entlastet. Zugleich bleibt die Vision der Zukunft auf transnationaler Ebene aufgehoben und hat sogar die Chance, die nationalen Verfassungsstrukturen längerfristig fortschreitend durch europäisches Verfassungsrecht zu überlagern. Für die Arbeitsweise und den Stil der Debatten kann das bedeuten, daß ideologische Fernziele und utopische Modelle radikaler durchschlagen: Das Europäische Parlament könnte auf diese Weise zunehmend eine Veranstaltung ideologischer Sandkastenspiele über einen europäischen Traum vom Sozialismus werden.

Langfristig tiefgreifende normative Veränderungen können sich dann mit der Ausweitung der Kompetenzen des Europäischen Parlamentes zu einer starken Kraft der Veränderung verbinden.

b) Die Notwendigkeit einer Zusammenschau sozialistischer und kommunistischer Parteien

Für die Beurteilung des linken Parteienspektrums bedeutet die Abkopplung von nationalen Verantwortlichkeiten, daß aus dem gegenwärtigen, eher staatstragend behutsamen nationalen Agieren und den politisch-programmatischen Erklärungen gerade der eurokommunistischen Parteien nicht vorbehaltlos Schlüsse für ihr längerfristiges Verhalten bezüglich Europa gezogen werden können. Vor allen Dingen aber darf die Aufmerksamkeit sich nicht wie bisher auf den Eurokommunismus beschränken.

Denn die kommunistischen Parteien Westeuropas werden in absehbarer Zeit nirgendwo allein mehrheits- und regierungsfähig. Sie sind national und supranational auf Koalitionspartner angewiesen. Ihr machtpolitischer und letztlich auch ideologisch-programmatischer Stellenwert kann sich deshalb erst aus einer Gesamtanalyse der westeuropäischen Linksparteien ergeben, da diese ihre natürlichen potentiellen und z. T. erklärten Bundnispartner sind. Aufschlüsse über die Chancen und Bedingtheiten kommunistisch-sozialistischer Politik, national und supranational, sind mit einiger Konkretheit erst möglich, wenn die sozialistischen und auch sozialdemokratischen Parteien (so z. B. Norwegens, Dänemarks und der Bundesrepublik) in die Betrachtung einbezogen werden. Bei ihnen liegt schließlich die Schlüsselposition für Mehrheitsbildungen zur Volksfront. Sie verfügen – abgesehen vom Sonderfall Italien – traditionell über einen großen und stabilen Rückhalt bei den Wählern und würden in der Regel mit 25 bis 30%, z. T. über 40% der jeweiligen Wählerstimmen immer der zahlenmäßig größere Koalitionspartner für Kommunisten sein. Das bedeutet keineswegs, daß die Zielvorstellungen und Gestaltungskonzepte von Sozialisten bzw. Sozialdemokraten weitgehend mit denen kommunistischer Parteien übereinstimmen oder gar deckungsgleich sind. Das sozialistische Parteienlager weist unter dem weiten Dach der *Sozialistischen Internationale* unter ihrem Vorsitzenden Willy Brandt seit jeher eine außerordentliche ideologische Vielfalt auf, die von revisionistischen Sozialdemokraten über nationalistisch-sozialistische, syndikalistische und anarchistische Parteien bis zu „besseren", orthodoxen Marxisten/Leninisten und neomarxistischen „wahren Hütern der Marx'schen Lehren" reicht. In Spanien, Griechenland und gelegentlich in Italien beispielsweise sind die sozialistischen Parteien heute bereits ideologisch links der jeweiligen KP's einzuordnen, wobei sicher auch taktische Gesichtspunkte mitspielen.

Dort, wo die Sozialisten (wie in Frankreich oder prekär in Skandinavien) gegenwärtig mehrheitlich eher gemäßigt-reformistisch erscheinen, stehen sie in z. T. tiefgehenden und erbitternden ideologischen Flügelkämpfen zwischen Revisionisten und ihre innerparteiliche Position systematisch ausbauenden Linkssozialisten (Marxisten, Neomarxisten, Syndikalisten), deren Ende nicht abzusehen ist. Dabei stehen die kommunistischen Parteien meist wesentlich mit im Kalkül: hier vollziehen sich z. T. tiefgehende ideologische Austauschprozesse mit ungewissem Ausgang. In den sozialistischen und sozialdemokratischen Parteien sind in veränderten personellen und politisch-parlamentarischen Situationen Abspaltungen linksextremer (hierfür ist die jüngste Entwicklung der regierenden sozialistischen Partei Portugals ein Beispiel) oder gemäßigter Flügel nicht auszuschließen (so in der norwegischen Arbeiterpartei, bei den dänischen Sozialdemokraten nach Jörgensen oder in der sozialistischen Partei Frankreichs nach Mitterrand). Fast problematischer aber ist die Beobachtung, daß ideologische Radikalisierungen sozialistischer Parteien mit einem traditionell sozialdemokratisch-gemäßigten Image von ihren alten und starken Stammwählerschichten häufig nur sehr langsam wahrgenommen werden. Nicht zuletzt aufgrund dieser geringen Reagibilität können Radikalisierungen sozialistischer Parteien u. U. eine besondere Brisanz entfalten und ideologisch kurzfristig tiefe Einbrüche bewirken. Norwegen und Dänemark sind aktuelle Beispiele für diese Problematik, die auch für die SPD des „Orientierungsrahmens '85" gilt. Einstweilen noch oder wieder überlagert durch die Parteitagsbeschlüsse von 1977 für die Politik des Tages, behält der Orientierungsrahmen '85 als Zielmodell der deutschen Sozialdemokratie seine unterschwellige Sprengsubstanz für die liberal-demokratische Verfassungsordnung des Grundgesetzes. „Die absolute, imperativische Dominanz der Ziele des „demokratischen Sozialismus", dies kennzeichnet die politische Philosophie des Orientierungsrahmens '85" (Wilhelm Hennis).
Die Verfassung ist für sie nurmehr die Ausgangsbasis, nicht mehr der normative Bezugsrahmen und die Grenze der Politik. Wenn aber der

Konsens über die verfassungsmäßigen Eingrenzungen politischer Herrschaft verlassen wird, dann wird die politische Auseinandersetzung zum erbitterten Kampf um letzte Ziele und umfassende Heilslehren über das „wahre" Glück der Menschen entfesselt.

Auf der anderen Seite gehört die Diskrepanz zwischen verbalem Radikalismus der Parteiorganisation und einer gemäßigteren Partei-Regierung zu den tradierten Verhaltensmustern sozialistischer Parteien. Aus dieser Situation folgt, daß die Entwicklung sozialistischer und sozialdemokratischer Parteien auf absehbare Zeit zunehmend unwägbar wird. Sie stellen gegenwärtig den wohl *gewichtigsten machtpolitischen und ideologischen Unsicherheits- und Besorgnisfaktor* in der westeuropäischen Parteienkonstellation dar. Das bedeutet auch, daß die Frage sozialistisch-kommunistischer Koalitionen nicht einfach abzuschätzen ist. Sicher ist jedoch, daß erst die Zusammenschau von KP's und sozialistischen Parteien in ihrem partiellen Mit- und z. T. Gegeneinander eine hinreichend komplexe Beurteilung der Möglichkeiten, Bedingtheiten und Gefahrenpunkte kommunistisch-sozialistischer Politik in Westeuropa erlaubt.

c) Sozialistische Zielpolitik und das strategische Politikverstandnis der Eurokommunisten

(1) Die Verstaatlichung der Demokratie

Die Analyse sozialistischer und kommunistischer Parteien muß darüber hinaus wesentlich konkreter als bisher einerseits auf deren innenpolitische programmatische Gestaltungsvorstellungen, andererseits auf ihre Einstellung zu Europa und ihre europäische Innen- und Außenpolitik durchstoßen. Das ist in den folgenden Kurzanalysen an einigen ausgewählten Punkten versucht worden. Neben nationalen wirtschafts- und sozialpolitischen Konzeptionen wurden insbesondere die Vorstellungen einer europäischen Integration, eines westeuropäischen Verteidigungsbündnisses, ihr Verhältnis zur Sowjetunion und zu Volksfrontbündnissen eingehender analysiert.

Hierbei zeigt sich – ohne die Folgerungen vorwegzunehmen – generell, daß einige sektorale Übereinstimmungen zwischen Sozialisten und Kommunisten bestehen und im Zusammenhang damit auch *temporäre Übereinstimmungen,* die zumindest mittelfristig Koalitionen zwischen Sozialisten und Kommunisten möglich machen. Die ersten Etappen auf dem „Weg zum Sozialismus" marxistischer Provenienz können auch nicht-marxistische Sozialisten theoretisch und praktisch mitgehen. Das hängt auf der einen Seite mit der spezifischen *Zielorientierung* auch im nicht-marxistischen sozialistischen Denken zusammen. Verfassungen und politische Institutionen haben darin nurmehr sekundäre, instrumentale, „formale" Bedeutung. Die gegenwärtigen, bürgerlich-„kapitalistischen" Ordnungszustände gelten als höchst unvollkommen, grundlegend reformbedürftig, sind nur Übergang zu dem Fernziel eines utopischen Sozialismus ohne soziale und wirtschaftliche Konflikte, Probleme, Not und menschliches Leid. Individuelle Wege der Lebensgestaltung, eigenständige Interessen und Organisationen, die normalerweise zu Unterschieden der Meinungen, Einstellungen und Absichten führen, geraten hierbei nurmehr als Störfaktoren , konservative Hemmnisse im Prozeß des Fortschritts zur Konfliktfreiheit in den Blick. Naivität und Radikalität wirken gleichermaßen in dem Glauben mit, eine fortschreitende Harmonisierung zu gewissermaßen paradiesischen Zuständen herstellen zu können. Darauf sollen alle Lebensumstände, soll die Gesellschaft aus- und sollen die Menschen *gleichgerichtet* werden. In dieser Grundidee der Machbarkeit des Menschen und seiner Lebensordnung hat auch das prinzipielle Mißtrauen von Sozialisten und Sozialdemokraten gegen subsidäre Einrichtungen und hat die von ihnen betriebene Ausdehnung staatlicher Herrschaft und Gestaltung auf möglichst alle Lebens- und Handlungsbereiche in Gesellschaft und Wirtschaft ihren Ursprung. Demgemäß wird die Überführung immer weiterer Schichten der Bevölkerung in ein immer dichter werdendes System kollektiver Betreuung, Bevormundung und Gleichrichtung verfolgt, durch das die unmittelbare Abhängigkeit des einzelnen von staatlichen Regelungen und Gewährungen wächst.

Damit wächst zugleich die Herrschaft der Funktionäre dieses übermächtigen Betreuungsapparates, in dem individuelle Entfaltung, private Initiative und freiheitlich-pluralistische Prinzipien keinen Platz mehr haben.

Demokratie wird von „demokratischen Sozialisten" nicht mehr als freiheitlich verfaßte und prinzipiell gemäßigte verstanden, sondern inhaltlich eindeutig festgelegt. So wird „Demokratie" in der Sprache der SPD erst „durch den Sozialismus erfüllt", und der 13. Kongreß der

Sozialistischen Internationale vom 26.–28. November 1976 erklärt apodiktisch:

> „Ohne Demokratie gibt es keinen Sozialismus,
> und ohne Sozialismus gibt es keine Demokratie.“

Politik wird zur Dynamik dorthin verkürzt. Mit diesem, auf letzte Ziele und ein fernes, ebenso vages wie absolutes Gesellschaftsmodell hin orientiertes Politikverständnis stehen die Sozialisten in geistiger Verwandtschaft zum geschichtsphilosophischen Endzeitdenken von Marxisten. Zumindest für die Überwindung der überkommenen liberalistischen, pluralistischen und marktwirtschaftlichen, sprich: „kapitalistischen“ Strukturen, für den Abbau sozialer, wirtschaftlicher und personaler Selbständigkeit durch sogenannte „Demokratisierungs“-, d. h. Verstaatlichungs- und Verplanungspolitik scheint ein sozialistisch-kommunistisches Bündnis naheliegend, wie es seit 1972 in Frankreich auf der Grundlage eines „gemeinsamen Regierungsprogramms“ der Sozialisten und Kommunisten bestand, das erst kurz vor den Parlamentswahlen vom März 1978 aus schwer durchschaubaren Gründen aufgekündigt wurde. In der Sache und im gemeinsamen Willen zur greifbar nahen Staatsmacht bestand das Bündnis jedoch weiter: Unmittelbar nach dem ersten Wahlgang schlossen Sozialisten und Kommunisten für die entscheidenden Stichwahlen erneut eine Allianz. Das war um so eher möglich, als die zum Teil heftige Auseinandersetzung zwischen den Sozialisten und den Kommunisten vor der Wahl auch nicht auf ideologischem Feld geführt wurde, sondern um politische Einzelfragen kreiste, die politisch-programmatisch auf nur graduelle Unterschiede und darüber hinaus auf eher taktische, machtpolitische Motive hindeuten. Denn auf dem Weg zur sogenannten „fortgeschrittenen Demokratie“, die in der eurokommunistischen Strategie ein wichtiges erstes Etappenziel ist, gibt es keine prinzipiellen politisch-programmatischen Hindernisse zwischen Sozialisten der verschiedenen Schattierungen und Eurokommunisten.

(2) Eurokommunismus oder die Konzentration auf den Weg zu dialektischen Zielen

Die wesentlichen Voraussetzungen für Koalitionen mit nicht-marxistischen Linksparteien haben aber die Eurokommunisten durch ihre mehr

oder minder ausgeprägte Absetzung von Moskau, ihre verklausulierten Bekenntnisse zu westlich-demokratischen Prinzipien und das Abwerfen der antiquierten Revolutionslehre von der Errichtung der proletarischen Diktatur selber geschaffen. Sie haben dafür ein den Gegebenheiten der fortgeschrittenen Wohlfahrts- und Industriegesellschaft angemessenes, ebenso extensives wie *differenziertes Verständnis für historische Entwicklungsstufen und -prozesse* gewonnen. Hier liegt ihre entscheidende strategische Errungenschaft und zugleich unsere Schwierigkeit des Verstehens und Beurteilens. Denn ihr Denken in dialektischen, dabei u. U., aber nicht notwendigerweise, langwierigen Prozessen macht ein schlichtes herkömmliches Begreifen ihrer politischen Aussagen schlechterdings unmöglich. Politische Aussagen und von Eurokommunisten verwendete Begriffe müssen deshalb historisch und ideologisch genau verortet werden, um richtig verstanden werden zu können. Bezogen auf die gegenwärtige verfassungspolitische Situation und den erstrebten Folgezustand der „fortgeschrittenen Demokratie“ noch bürgerlich-liberaler, wenngleich schon zunehmend „demokratisierter“ und das bedeutet: politisierter und auf weitergehende Ziele hin dynamisierter sozialer und ökonomischer Strukturen, sind Bekenntnisse zu Freiheits- und Bürgerrechten und den Wettbewerbsregeln des westlichen Verfassungsstaates durchaus systemimmanent im herkömmlichen Sinne zu verstehen.
Die gegenwärtige Ordnung wird von den eurokommunistischen Parteien als Ausgangsbasis heute realistischerweise akzeptiert, ihre Vorzüge gern in Anspruch genommen. Für Marxisten, die sie nach eigenen Erklärungen sind und bleiben wollen, schließt diese Akzeptierung jedoch das Mitdenken ihrer zukünftigen Überwindung ein. Denn dialektisches Denken geht davon aus, daß mit der Veränderung der politischen, ökonomischen und sozialen Gegebenheiten, der „Basis“, sich auch der „Überbau“ verändert, mit anderen Worten das Gesamt der politisch-geistig-sittlichen Orientierungen, das Bewußtsein der Menschen und ihre Beurteilungsmaßstäbe. Damit eröffnet sich unter anderen politisch-historischen Bedingungen für kommunistische Parteien grundsätzlich und praktisch immer die Möglichkeit einer neuen ideologischen Stand- ort- und Zielbestimmung. Denn die Feststellung dieser veränderten, „neuen“ Bedingungen ist weithin in die subjektive Beurteilung und in das subjektive Wollen der marxistischen Avantgarde gestellt.

Die spezifische *Prozeßhaftigkeit* marxistisch-dialektischen Denkens wird bei genauerem Studium eurokommunistischer Programme und insbeson-

dere der gemeinsamen Erklärungen der italienischen und spanischen KP's vom 12. Juli 1975 in Madrid, der italienischen und französischen KP's vom 15. November 1975 in Rom und der KP's Italiens, Frankreichs und Spaniens vom 2./3. März 1977 in Madrid augenfällig.
Aussagen über Freiheit, Parteienpluralismus, Demokratie stehen häufig im Kontext historischer Entwicklungen und sind zeitlich bedingt: „in Richtung auf den Sozialismus", oder „auf dem Weg zum Sozialismus". Attribute wie „fortlaufend", „fortzuentwickeln", „weiterentwickelt", „zur Entfaltung bringen", „vollenden" im Zusammenhang mit „Demokratie" und „Freiheit" bestätigen die Prozeßhaftigkeit und Bedingtheit dieser Aussagen. So steht auch der Abschnitt mit dem ausführlichen Bekenntnis zu demokratischen Freiheiten in einer der theoretisch wohl gewichtigsten programmatischen Erklärungen, der gemeinsamen Erklärung der italienischen und französischen Kommunisten vom 15. November 1975 in Rom, nach der einleitenden Konstatierung der „Krise" und des „Versagens" des gesamten westlich-„kapitalistischen" Systems ausdrücklich unter der Forderung: „die Demokratie zur Entfaltung zu bringen und sie in Richtung auf den Sozialismus fortzuentwickeln." Daran schließt sich dann das vielzitierte Bekenntnis zu Freiheitsrechten und pluralistischer Vielfalt an:

> „Die italienischen und französischen Kommunisten sind der Ansicht, daß der Weg zum Sozialismus und der Aufbau der sozialistischen Gesellschaft, die sie ihren Ländern als Perspektive anbieten, im Rahmen einer fortlaufenden Demokratisierung des wirtschaftlichen, sozialen und politischen Lebens verwirklicht werden müssen. Der Sozialismus wird eine höhere Phase der Demokratie und der Freiheit darstellen – die in denkbar vollkommener Weise erfüllte Demokratie. In diesem Sinne müssen alle Freiheiten garantiert und weiterentwickelt werden, ob sie nun Ergebnis der großen bürgerlich-demokratischen Revolutionen sind oder der großen Volkskämpfe unseres Jahrhunderts, bei denen die Arbeiterklasse an der Spitze stand. Das gilt für die Freiheit des Denkens und des Publizierens, die Presse-, Versammlungs-, Organisations- und Demonstrationsfreiheit, die Freizügigkeit der Menschen im In- und Ausland, die Unverletzlichkeit des Privatlebens, die Freiheit des Glaubens, die vollständige Freiheit, Gruppen zu bilden und jegliche philosophische, kulturelle und künstlerische Ansicht zum Ausdruck zu bringen. Die französischen und italienischen Kommunisten befürworten

> den Pluralismus der politischen Parteien, das Recht auf Existenz und Tätigkeit von Oppositionsparteien, die freie Bildung und die Möglichkeit des demokratischen Wechsels von Mehrheiten und Minderheiten, den laizistischen Charakter und das demokratische Funktionieren des Staates sowie die Unabhängigkeit der Justiz. Sie sprechen sich in gleicher Weise für die freie Betätigung und die Autonomie der Gewerkschaften aus ..."

Der entscheidende logische Bezug wird durch die von mir hervorgehobenen Worte „in diesem Sinne" hergestellt. Die Verknüpfung von Freiheitsrechten mit der „fortlaufenden" Verwirklichung des Ziels einer „sozialistischen Gesellschaft" weist den „garantierten" Freiheiten einerseits ihre zielgerichtete Funktion zu, relativiert sie andererseits, denn nur im Sinne des erstrebten Ziels werden sie garantiert. Gleichzeitig aber sollen die vorgeführten Freiheiten „weiterentwickelt" werden. Hier wird bereits die inhaltliche Veränderung der überkommenen Begriffe angekündigt.
Zunächst aber ist festzuhalten, daß die programmatischen Aussagen über die Anerkennung freiheitlich-demokratischer Prinzipien ausgeprägt *strategischen Charakter* haben. Sie bestimmen die Art und Weise der Zielverfolgung, sind jedoch nicht schon die Ziele selber.

An den Erklärungen der Kommunisten, die politische Macht auf westlich-demokratischem Weg mit demokratischen Mitteln zu erreichen, ist kaum zu zweifeln, zumal es hier und heute keine realistische strategische Alternative gibt. Die inzwischen sozial differenzierten Arbeitnehmerschichten stellen im großen und ganzen kein revolutionäres Potential mehr dar. Das haben die Eurokommunisten klar erkannt. Gerade deshalb sind die westlich-demokratischen Prinzipien neuerdings unabdingbare Voraussetzung eines erfolgversprechenden Agierens geworden, denen die italienischen und französischen Kommunisten zu Recht

> „einen grundsätzlichen Wert bei(messen). Ihre Position ist nicht taktischer Natur, sondern ergibt sich aus ihrer Analyse der objektiven und spezifisch-historischen Bedingungen ihrer Länder sowie aus ihren Überlegungen hinsichtlich der Gesamtheit der internationalen Erfahrungen."

So ein Zitat aus der römischen Erklärung vom 15. November 1975.
Sollte der Machterwerb auf demokratische Weise gelungen und sollte die Demokratie – auf welche Art auch immer – „weiterentwickelt" worden sein, ist für sie aber eine neue historische Ausgangssituation gegeben.

Dann ist eine qualitativ höhere Stufe in dem als zwangsläufig angenommenen Entwicklungsprozeß der Geschichte zum Sozialismus und Kommunismus erreicht, die eine Revision der Strategie im Hinblick auf neue weitergehende Etappenziele oder gar auf ihre endlichen Ziele möglich bzw. notwendig macht. Denn eine grundlegende Umwandlung der gegenwärtigen bürgerlichen Gesellschaft, ihre „tiefgreifende qualitative" Transformation bleibt ausdrücklich das ebenso generelle wie prinzipielle Ziel auch eurokommunistischer Parteien.

Was ist also von der Anerkennung demokratisch-pluralistischer Grundsätze auf dem „Weg zum Sozialismus" zu halten, zu denen die kommunistischen Parteien sich nach Jahrzehnten relativ erfolglosen revolutionären Machtstrebens erklären? Die Respektierung liberal-demokratischer Grundsätze einer freiheitlichen Verfassung sagt sicher dann wesentliches über eine politische Partei aus, wenn diese sich den Rahmen und die Grenzen ihrer politischen Ziele von dieser Verfassung bestimmen läßt, solange also die Verfassungsordnung nicht nur ein zweitrangiges und eventuell zeitlich begrenztes Mittel der Verwirklichung politischer Ziele jenseits ihrer selbst, sondern die Aufrechterhaltung der verfassungsmäßigen Ordnung, Rechte und Pflichten, ihrer Zuordnung von Grundwerten, Individualität, Freiheit, privaten Glücksstrebens und öffentlichem Wohl selber der Horizont der politischen Orientierungen der Parteien bleibt. Der liberal-demokratische, westliche Verfassungsstaat ist also keineswegs „nur" ein System „formaldemokratischer" Spielregeln – Formalia, bloße Spielregeln stehen immer zur Disposition – er bestimmt vielmehr zutiefst auch über die legitime Formulierung der letztlichen Ziele der Politik und der Parteien. Die *humane Ratio des modernen Verfassungsstaates* liegt demgemäß gerade darin, zu verhindern, daß auf seinem Boden irgendeine Partei oder eine wirtschaftliche oder soziale Macht allein allumfassende, uneingeschränkte, abgeschlossene und endgültige, mit anderen Worten totalitäre Ordnungen entwerfen und dahin führende Herrschaftsansprüche stellen kann.

Konkretere Auskünfte über ihre letztlichen politischen Gestaltungsvorstellungen sucht man in den programmatischen Aussagen eurokommunistischer Parteien vergeblich.

Ihr strategisches Politikverständnis, dessen liberal-demokratischen Bekenntnisse sich auf den „Weg zum Sozialismus" beschränken, verschleiern diese Tatsache systematisch. Solange aber die *marxistische Ge-*

sellschaftsanalyse und Geschichtsphilosophie die ideologischen Grundlagen der Parteien sind, gelten auch deren Endziele, die letzte Wahrheiten über den Geschichtsprozeß und die endgültige Organisation der Totalität menschlichen Lebens zu sein beanspruchen. Der Marxismus sieht den Menschen letztlich nur unter dem Gesichtspunkt seiner *totalen Manipulierbarkeit*. Das ist das Ergebnis, wenn die ökonomischen Verhältnisse zu den allein entscheidenden Bestimmungsgrößen für menschliches Denken, Fühlen, Handeln gemacht werden, der Mensch zum Produkt der Wirtschaftsverfassung degeneriert. In der „wahren" Ordnung der Wirtschaft, genauer gesagt: der Produktionsverhältnisse, wird demgemäß der Schlüssel für die Aufhebung aller menschlichen Entfremdung, Unterdrückung, Verkümmerung, Not und Angst, ja, am Ende für die Aufhebung jeglicher Form der Herrschaft gesehen. Denn da der Staat für Marxisten nur als Instrument der Besitzenden zur Erhaltung und Vermehrung ihrer ökonomischen Privilegien und „Profite" fungiert, wird er als politische Herrschaftsorganisation überflüssig, wenn die Wirtschaft nicht mehr privatwirtschaftlich, sprich: „kapitalistisch", betrieben wird. Deshalb konzentriert sich die Marx'sche Analyse auf „Kapitalismuskritik" und sucht die endgültige Aufhebung menschlicher Entfremdung, positiv gewendet: die Befreiung, Selbstfindung und den Endzustand des wahren Glücks der Menschen in der Ersetzung privat- und marktwirtschaftlicher Strukturen durch ihre sogenannte Vergesellschaftung, das bedeutet praktisch durch Verstaatlichung, zentrale Planung und Lenkung der Wirtschaft, mithin der Bestimmung des Staates darüber, was produziert und konsumiert werden soll.

Die Manipulationsfähigkeit der menschlichen Existenz verbindet sich in marxistischer Sicht also mit der *Verkürzung des Menschen* auf ein bloß ökonomisches, ein arbeitendes Wesen, das sich allein in Arbeit, nicht-entfremdeter Arbeit, erfüllt, wenn dessen kapitalistische Organisation erst aufgehoben ist.

Wesentliche Bereiche menschlicher Existenz, seiner Freiheit, seiner Erfüllung und seines Glücks *jenseits der Ökonomie*, wie Privatheit, Glaube, Kunst, Kultur, Liebe, Hingabe, Dienst, Freundschaft, d. h. die geistige, kulturelle und sittliche Existenz des Menschen bleiben in dieser materialistischen Sicht seines Wesens ausgeblendet. Die inhumane Eindimensionalität und der absolute Wahrheitsanspruch dieser Ideologie sind also das Gegenteil der Pluralität, Liberalität, Würde der Persönlichkeit und Toleranz westlich-abendländischen, christlichen Denkens.

Die totale Vereinnahmung der Geschichte, des Individuums und der menschlichen Gesellschaft schafft praktische Politik und Philosophie als ein ständiges Bemühen, in wechselnden Lagen wechselnde Probleme beizulegen und der personalen Freiheit und Würde durch das Streben nach jeweils gerechten Zuständen zu dienen, definitiv ab. Es ist kaum vorstellbar, wie die *praktische Konsequenz der marxistischen Ideologie, eine totalitäre Herrschaftsform,* verhindert werden kann. Die von den Eurokommunisten anvisierte und immer wieder beschworene „tiefgreifende strukturelle" Transformation der gegenwärtigen Gesellschaft wird am Ende revolutionär und total unterdrückend sein müssen.

Berücksichtigt man diese ideologischen Voraussetzungen, ist in den wenigen unklaren Andeutungen über sozialistische „Perspektiven" einer „höheren", „vollkommenen" Ordnung folglich immer eine zweite Bedeutungsschicht der verwendeten politischen Begriffe mit zu bedenken: „Freiheit", „Pluralismus", „Demokratie" müssen dann in ihrer inhaltlichen Umdeutung begriffen werden. Diese *ideologische Ummünzung tradierter Begriffe* deutet sich bereits in den verschiedenen prozeßhaften Wendungen an, wenn in der römischen Erklärung vom 15. 11. 1975 (mit Hervorhebungen von mir) verkündet wird: „Der Sozialismus wird eine höhere Phase der Demokratie und der Freiheit darstellen – die in denkbar vollkommener Weise erfüllte Demokratie." Auch die Betonung der notwendigen „Weiterentwicklung" der Freiheiten und der „Fortentwicklung" der Demokratie über deren Garantie hinaus weist in ideologisches Neuland.

Die angemessene ideologische Würdigung der Begriffe wird dadurch erschwert, daß „Freiheit" und „Demokratie" häufig ohne nähere Qualifizierung im überkommenen westlichen und daneben bereits im „neuen", „höheren" sozialistischen Sinne verwendet werden. Diese neue ideologische Qualität über die bürgerlich-liberale Gesellschaft hinaus, tritt hervor, wenn „Freiheit" und „Demokratie" gegen die westlich-kapitalistische Ordnung ausgespielt werden, weil in ihr die „sozialen Bedürfnisse und humanen Werte der Freiheit, Gerechtigkeit und Zivilisation zunehmend geopfert und unterdrückt" würden. Davon geht die gemeinsame Erklärung der italienischen und spanischen Kommunisten vom 12. Juli 1975 in Rom ausdrücklich aus. Deutlicher noch formuliert die gemeinsame Erklärung der Führer der kommunistischen Parteien Spaniens, Italiens und Frankreichs vom 2./3. März 1977 in Madrid die

Forderung nach dem „Aufbau einer neuen Gesellschaft, in der Pluralität der politischen und gesellschaftlichen Kräfte, in der Achtung, Gewährleistung und Entwicklung aller kollektiven und persönlichen Freiheiten wirken ...". Sie bekräftigt zunächst die *Neuartigkeit* einer Gesellschaft der „Pluralität" und „Freiheiten", welche im westlichen Verfassungsstaat offenbar nicht existieren und nimmt darüber hinaus bereits eine nicht unwesentliche Umgewichtung vor: die „kollektiven" Freiheiten rangieren vor den „persönlichen". Das entspricht dem Marx'schen geschichtsphilosophischen Ansatz, in der Freiheit nurmehr darin besteht, sich den Gesetzen des gesellschaftlichen Fortschritts und damit der Entwicklung zum Sozialismus und Kommunismus zu fügen. Deshalb mündet das Freiheitscredo der bereits erwähnten gemeinsamen Erklärung vom 2./3. März 1977 logisch unmittelbar in der Bekräftigung: „Von diesem Willen, den Sozialismus in Demokratie und Freiheit zu verwirklichen, sind die Konzeptionen durchdrungen ..."

Im Kontext des Sozialismus werden die alten Begriffe folglich im doppelten Wortsinn aufgehoben: „Die wahren Menschenrechte werden nicht außerhalb des Kommunismus verwirklicht, so die Konsequenz des Dogmas, sondern durch ihn" (Eugen Kogon). Parteienpluralismus und Demokratie gelten dann also nur noch im Rahmen sozialistischer Ideologie, d. h. in ihrer „volksdemokratischen" Spielart der Einheitspartei. Pluralismus reduziert sich auf sozialistischen Pluralismus, d. h. die Vielfalt der Anschauungen und Meinungen, Vereinigungen und Institutionen gilt nurmehr in den Grenzen sozialistischer Basisideologie. In diesem Sinne konnte der französische KP-Führer Marchais selbst die DDR als Beispiel eines „Mehrparteiensystems" vorführen. Sozialistischer Pluralismus hört demnach genau dort auf, wo tatsächliche Offenheit zu essentieller Verschiedenartigkeit und das bedeutet auch: zur Ablehnung und Überwindung der ideologisch-kollektivistischen Enge sozialistisch-kommunistischer Lebensform führen könnte. Die für freie Menschen sittlich notwendige Lebensluft kann so nicht entstehen.

Ein wesentliches Indiz für eine ideologiekritische Interpretation ist auch, daß die innerparteiliche Willensbildung der kommunistischen Parteien weiterhin nach dem strikt hierarchischen Führungsprinzip des sogenannten „demokratischen Zentralismus" organisiert wird. Für die spanische KP kündigte Carillo allerdings jüngst eine größere Offenheit der internen Diskussionen an, dessen Wirksamkeit heute allerdings noch nicht beurteilt werden kann. Solange sie aber geschlossene Organisationen bleiben, treten die kommunistischen Parteien in Widerspruch zu den von ihr bejahten pluralistisch-demokratischen Prinzipien der Gesamtordnung. Ihre Rechtfertigung kann die zentralistische Führung nur darin finden, daß sie die innere ideologische Reinheit der Parteikader bewahren und sie als Kampforganisationen auf Abruf bereithalten will.

Die Auseinandersetzung mit der eurokommunistischen „Bewegung von Ideen", wie Berlinguer den Eurokommunismus umschrieb, sollte deshalb stärker auf ihren *ideologischen Kern* zurückgeführt werden. Für die Beurteilung eurokommunistischer Parteien sind die Fragen nach deren letzten Gestaltungszielen, ihren Ordnungsmodellen und-prinzipien und der Art und Weise ihrer Herrschaft von Menschen über Menschen entscheidend. Der Grad der Abhängigkeit und der Unabhängigkeit von Moskau, die Kritik an manchen Praktiken des Sowjetkommunismus und auch die gegenwärtigen Verschiedenheiten nationaler kommunistischer Strategien und Koalitionen auf dem Weg zum Sozialismus sind dafür letztlich ohne wesentlichen Aussagegehalt, sind ideologische Nebenschauplätze. Vieles deutet darauf hin, daß der so schillernd auftretende und bei uns von den Medien häufig naiv nur vordergründig vermittelte Eurokommunismus am Ende nur ein geographisch-strategischer Begriff ist: das spezifisch „Euro"-kommunistische steht dann für den etappenweisen, flexiblen Prozeß nationaler Machtbeteiligung und -eroberung in den liberal-demokratischen Verfassungsstaaten Westeuropas. Nach den endlichen Konturen ihrer Ordnungsvorstellungen fragt man dagegen vergeblich. Das entspricht der Spärlichkeit und Vagheit diesbezüglicher Aussagen im marxistischen Denken.

2. Länderstudien*

a) *Die Sozialistische und die Kommunistische Partei Frankreichs*

1972 einigten sich die Sozialistische (PSF) und die Kommunistische (PCF) Partei Frankreichs auf ein „Gemeinsames Regierungsprogramm". Unter Aussparung des sozialistisch-marxistischen Fachvokabulars stellt es einen Katalog von mehr oder weniger konkreten Reformen auf, die von der durchgängigen Demokratisierung aller wirtschaftlichen Entscheidungsprozesse, insbesondere durch Ausweitung der Mitbestimmungsmacht der Gewerkschaften in den Unternehmen, über die Nationalisierung der wichtigsten Wirtschaftssektoren, Banken, Finanzen, Grundstoff-, Waffen-, Raumfahrt-, Nuklear- und Pharma-Industrie sowie weitgehend der Stahlindustrie und vagen Postulaten nach deren „demokratisierter" staatlicher Planung und Lenkung bis zum Abbau der hervorragenden Stellung des Präsidenten, der Parlamentarisierung des Regierungssystems, der Einführung des Verhältniswahlrechts und bis zum Verzicht auf strategische Nuklearwaffen, zur Verkürzung des Wehrdienstes auf sechs Monate, allseitigen Rüstungsreduzierung und der völligen Unabhängigkeit Frankreichs von jeglichem politisch-militärischem Block reichen.
Im Widerspruch zu der grundsätzlichen Ablehnung der NATO steht die gemeinsame Versicherung, bestehende Bündnisverpflichtungen einhalten zu wollen. Ebenso ambivalent ist die Haltung zur EG: Neben dem Versprechen der Mitwirkung am Aufbau der Europäischen Gemeinschaft steht der Wille, sie von der Vorherrschaft des „großen" Kapitals zu befreien und quer dazu die Feststellung, daß Frankreich seine nationale Handlungsfähigkeit für die Realisierung seines spezifischen politischen, ökonomischen und sozialen Programms behalten will.

---

* Die Kurzberichte werten neben aktuellen eigenen Untersuchungen im wesentlichen Analysen aus, die im Auftrag des Sozialwissenschaftlichen Forschungsinstituts der Konrad-Adenauer-Stiftung von Guiseppe de Rosa: Italien, Fritz René Allemann: Spanien, Prof. Wolfgang Jäger: Frankreich, Prof. Klaus Hornung: Griechenland, David Watt: Großbritannien, Prof. Nils Ørvik: Norwegen, Dr. Maria Eysell: Dänemark, erstellt wurden und die mit weiteren Beiträgen im Sommer/Herbst 1978 in der UTB-Reihe (Leske Verlag) in zwei Bänden unter dem Titel: „Sozialistische und Kommunistische Parteien in Westeuropa" veröffentlicht werden. Darauf wird für Belege verwiesen.

Ambivalenz und große inhaltliche und zeitliche Vagheit in zentralen Fragen der Verfassung von Wirtschaft, Gesellschaft und Politik kennzeichnen das gemeinsame Programm, das zunächst einen eher formelhaften Kompromiß zwischen divergierenden Ideologien und einer mehrheitlich sozialdemokratisch-reformistischen PSF und der marxistisch-sozialistischen PCF darstellt und darüber hinaus zumindest für die PCF laut Parteistatut nur eine erste Etappe auf dem Weg zum Sozialismus und zum Kommunismus markiert.

Die marxistisch-leninistischen Endziele der PCF bleiben in der (partei)öffentlichen Diskussion seit Jahren ausgeklammert bzw. von den Verlautbarungen der Partei zum Nahziel der „fortgeschrittenen Demokratie“ auf der Grundlage des gemeinsamen Programmes völlig verdeckt. Nur bezogen auf dieses Nahziel bekennt sich die PCF im gemeinsamen Programm ausdrücklich zur Anerkennung der Prinzipien der westlichen Demokratie: Repräsentation, Gewaltenteilung, liberal-individuelle Grund- und Freiheitsrechte, Parteien- und Verbändepluralismus, freie Wahlen.

In späteren Etappen werden liberal-demokratische Prinzipien zwangsläufig unvereinbar mit dem programmatischen Festhalten der Partei am absoluten Wahrheitsanspruch der säkularen Heilslehre des „wissenschaftlichen Sozialismus“ und der Avant-Garde-Rolle der Partei und ihres „demokratischen Zentralismus“, die Gewaltenteilung, Parteienpluralismus und individuelle Freiheitsrechte verbieten.

Neben der zeitlichen und inhaltlichen Vorläufigkeit der Aussagen der PCF (im Sinne der Etappentheorie) muß beachtet werden, daß die verwendeten politischen Begriffe selber inhaltlich zum Teil völlig anders definiert werden. Der Demokratiebegriff der PCF läßt sich nur aus dem absoluten Wahrheitsanspruch des Marxismus in Verklammerung mit dem Prinzip des „demokratischen Zentralismus“ ableiten, der die Willensbildung von oben nach unten, den strikten Gehorsam der Kader gegenüber den Parteiführern, Kooptation der Führung fordert, um die Willens- und Handlungseinheit der Partei als alleinigem Interpreten der Ideologie zu erhalten. Die DDR wird als Beispiel des „Parteienpluralismus“ vorgestellt. Auch die Streichung des Begriffs der „Diktatur des Proletariats“ auf dem XXII. Parteitag der PCF im Februar 1976 und gelegentliche Kritik an Menschenrechtsverletzungen im Ostblock können nicht darüber hinwegtäuschen, daß die sozialistischen Staaten des Ostens in ihren wesentlichen Strukturen Modellcharakter behalten. Verbale Abweichungen sind für den Hausgebrauch bestimmt.

Demgegenüber betrachtet die Mehrheit der PSF um Mitterrand das gemeinsame Programm von 1972 als langfristig verbindlich für ihr reichlich verschwommenes programmatisches Modell eines „antikapitalistischen“ demokratischen Sozialismus in allen Lebensbereichen mit Akzenten nationaler Unabhängigkeit.

Obschon die PSF in den bisherigen Wahlen die wesentlich erfolgreichere Partei im Linksbündnis war, ist ihre Position gegenüber der mitgliederstärkeren, straff organisierten und ideologisch homogenen PCF mittelfristig sicher schwächer. Dem starken Vordringen der PCF in den Betrieben, deren Betriebszellen eine Zusammenarbeit mit den Sozialisten dort strikt ablehnen (!) und der engen Verbindung der PCF mit der größten Gewerkschaft, der kommunistischen CGT, hat die PSF relativ wenig entgegenzusetzen. Über ihre traditionelle Heterogenität hinaus ist die PSF heute ideologisch tief zerstritten. Insbesondere der starke linke Flügel des CERES (25% bis 30% der Mitglieder) steht in radikaler Opposition zur Parteiführung. Er zielt gegen „sozialdemokratische Degeneration“ und auf einen eher rätedemokratischen Sozialismus. Nur die Integrationskraft Mitterrands und das gemeinsame Machtstreben halten die Partei noch zusammen.

Damit ist die PSF fest an das Bündnis mit der PCF gekettet. Jedes Schwenken zur Mitte würde zwangsläufig die Partei spalten. Die PSF stellt somit – ähnlich anderen sozialistisch-sozialdemokratischen Parteien in Westeuropa – den eigentlichen und gewichtigsten Unsicherheitsfaktor im Parteiensystem und für die Beurteilung der zukünftigen Politik in Frankreich dar. Sie wird es an der Seite der PCF, selbst wenn diese an Mandaten schwächer sein sollte, immer schwerer haben.

Insbesondere in der Außen- und Verteidigungspolitik ist die PCF gemeinsam mit dem CERES-Flügel der PSF in einer besseren Position als die PSF-Mehrheit, da es den Kommunisten viel stärker als der PSF-Mehrheit auf den Abbau der bestehenden Bindungen Frankreichs an den Westen und Europa ankommt; und dazu genügt eine Vetopolitik. Die Erosion von NATO und EG wären die Folgen.

Im September 1977 wurden die Verhandlungen zwischen der PSF und der PCF über die Fortschreibung des gemeinsamen Programms ergebnislos abgebrochen. Vorsätzlich überzogene Verstaatlichungsforderungen der PCF provozierten scharfe Reaktionen der Sozialisten, die sich dabei betont bürgerlich-liberal, moderiert marktwirtschaftlich und westeuropäisch profilierten. Mitterrand gelang es so in der Auseinandersetzung mit den Kommunisten, den bisherigen Kurs der Sozialistischen Partei kurz vor den Parlamentswahlen vom März 1978 sozialdemokratisch zu korrigieren.

Über die Motive der kommunistischen Offensive im Vorfeld der Wahlen, die für die Linksparteien höchst aussichtsreich erschienen, wurde und wird gerätselt. Denkbar ist, daß es sich um ein primär innerparteilich-ideologisch orientiertes Manöver handelte, dessen Außenwirkung auf das sozialistisch-kommunistische Bündnis unterschätzt wurde. Nicht ausgeschlossen ist auch eine Direktive Moskaus, das erfolgversprechende Volksfront-Bündnis, das nach mehrfach bestätigten Wahlprognosen auf eine Mehrheit von 52% bis 53% rechnen konnte, nachdem es bereits in den Kommunalwahlen 1975 über 50% der Stimmen gewonnen hatte, zu sabotieren, da eine Volksfront-Regierung in Frankreich gegenwärtig welt- und europapolitisch (KSZE- und Salt II-Verhandlungen) nicht opportun erscheint. Dahinter könnte aber auch das wahlstrategische Kalkül gestanden haben, daß nur eine in die bürgerliche Mitte rückende, sozialdemokratisierte Sozialistische Partei die entscheidenden neuen Wähler für die französischen Linksparteien gewinnen könnte.

Die relativ scharfe Reaktion der Sozialisten könnte andererseits nicht zuletzt auf ihrem wachsenden Mißtrauen in die Kompromißwilligkeit und in die Fähigkeit der Kommunisten zu verläßlicher Zusammenarbeit überhaupt beruhen. Denn die Erfahrungen der Sozialisten mit der PCF auf kommunaler Ebene und in den Betrieben schrecken. In den Betrieben lehnen die kommunistischen Zellen der CGT die Zusammenarbeit mit sozialistischen Gewerkschaften strikt ab. In den Kommunen versuchen die Kommunisten die mannigfachen sozialistischen Volksfront-Partner zäh und systematisch zu überspielen.

Trotz der spektakulären Auseinandersetzungen vor den Wahlen einigten sich beide Parteien nach dem ersten Wahlgang auffällig rasch wieder auf ein Bündnis für die Stichwahlen. Der gemeinsame Wille, die greifbar nahe Regierungsmacht zu erobern, wog offenbar schwerer als die kurz zuvor wechselseitig mit zunehmender Schärfe erhobenen Vorwürfe. Dies bestätigt einmal mehr, daß vor allem den Sozialisten zumindest mittelfristig eine Regierungskoalition mit der PCF möglich und erstrebenswert erschien. Allerdings folgten viele sozialistische Wähler der Empfehlung ihrer Partei nicht, in der Stichwahl gegebenenfalls für einen kommunistischen Kandidaten zu stimmen. Dennoch war das Stimmergebnis äußerst knapp. Die vereinigte Linke erreichte schließlich 49,3% (davon PSF 28,3%, PCF 18,6% und Linksradikale 2,3%), die Regierungsparteien kamen auf 50,7%. Das bedeutet eine Stimmendifferenz von nur 300000 Wählern! Hierüber darf die allein aufgrund der Finessen des absoluten Mehrheitswahlsystems für die Regierungskoalition so günstig aussehende Sitzverteilung in der Nationalversammlung, in der die Regierungsparteien 291 Sitze gegenüber 200 der Linksopposition einnehmen, nicht hinwegtäuschen. Die Polarität zweier fast gleichstarker Wählerblöcke hat sich in diesen Wahlen verfestigt; das Stimmenergebnis von 1978 entspricht jenem der Präsidentschaftswahlen zwischen Giscard d'Estaing und Mitterrand von 1974. Hinter der Linksopposition der Sozialisten und Kommunisten stehen nach wie vor fast 50% der französischen Wähler.

b) Die Spanische Linke

(1) Die Kommunistische Partei Spaniens (PCE)

Die PCE stellt sich heute als eine disziplinierte politische Gruppierung dar, deren Resonanz in der spanischen Wählerschaft stetig wächst. In den Parlamentswahlen vom Sommer 1977 errang sie fast 10% der Stimmen, ihre tatsächliche Stärke ist jedoch größer. Sie läßt sich nur im Zusammenhang mit ihrem beherrschenden Einfluß auf die Gewerkschaften und der Schlagkraft ihrer Parteiorganisation ermessen. Ihre Mitgliederzahl wurde im Februar 1977 zwischen 100000 und 150000 beziffert. Sie hat sich damit aus ihrer bisherigen Kaderorganisation heraus zur Massenpartei entwickelt – allerdings nicht einer westlichen Typus: die innerparteiliche Willensbildung läuft nach dem leninistischen Prinzip des „demokratischen Zentralismus" ab. Dies meint die strikte Forderung, daß im Falle innerparteilicher Meinungsverschiedenheiten die Minderheit sich der Mehrheit nicht nur zu fügen, sondern auch deren Beschlüsse nach außen hin diszipliniert zu vertreten hat, wobei in der Praxis dafür gesorgt ist, daß auch die Mehrheit den von der Führung festgelegten Richtlinien verpflichtet bleibt. Diese Führung weist inzwischen einige revisionistische Züge auf und lehnt den engen Dogmatismus der KPdSU ab. Parteiführer Carillo ist heute der intellektuell interessanteste, als ehemaliger Stalinist aber auch schillerndste KP-Führer Westeuropas. Er hat eine größere Offenheit der innerparteilichen Diskussion angekündigt, dessen Realisierung und dessen Auswirkungen gegenwärtig noch nicht zu beurteilen sind.

Wie für andere westeuropäische kommunistische Parteien bedeutete der Einmarsch der Sowjetunion in die CSSR 1968 für die PCE einen gewissen Wendepunkt im Verhältnis zu Moskau, wobei unter Carillos Führung selbst der offene Konflikt nicht gescheut wurde. Die PCE betrachtet es als unannehmbar, daß eine andere sozialistische Macht, wer immer sie auch sei, einem kommunistisch geführten Spanien jemals die Politik ideologisch diktieren oder gar militärisch durchsetzen könne. Parteichef Carillo versicherte, er würde in einem solchen Falle nicht zögern, die spanische Armee zur Verteidigung zu mobilisieren. Demgegenüber steht das Bekenntnis Carillos, er würde sich im Ernstfall mit den Sowjets wie mit den anderen Volksdemokratien solidarisch fühlen: „Wenn es einen Krieg gegen die sozialistischen Länder geben sollte, so wäre damit allen fortschrittlichen Kräften die gemeinsame Aufgabe gestellt, unabhängig von den Kritiken, die gegen dieses oder jenes System vorzubringen wären. Was mich betrifft, so würde ich mich immer ohne Zögern für den Sozialismus schlagen. Das würde genügen, alles zu rechtfertigen ...". Diese Aussage markiert unmißverständlich die Grenzen der vielfältigen Unabhängigkeitserklärungen der spanischen KP. Die Distanzierung darf letztlich die Übereinstimmung dort nicht gefährden, wo es um die Interessen des Sozialismus geht, mit dem eben auch die kritisierten Staaten Osteuropas und ihre Ordnungen am Ende identifiziert werden. Der neue Kurs Carillos steht unter einem weiteren, personalpolitischen Vorbehalt. Denn nach wie vor gibt es unter den Funktionären in den Kadern und vielleicht auch in der Gewerkschaftsorganisation eine nicht unbeträchtliche Zahl orthodoxer Kommunisten, die treu zu Moskau stehen, sich aber zur Zeit nur murrend zurückgezogen haben und auf die Gelegenheit warten, die Parteilinie erneut zu korrigieren.

Die Haltung der PCE zur NATO scheint einige Nuancen positiver, als z. B. die der KP's Frankreichs und Portugals. Hinsichtlich der NATO wird sorgsam differenziert: einerseits ist die PCE grundsätzlich gegen einen Beitritt zur NATO, andererseits ist sie bereit, eine demokratische Mehrheitsentscheidung darüber zu akzeptieren. So erklärte Carillo im Dezember 1976: „Die Entscheidung über einen Beitritt zur NATO müßte von einem demokratischen Parlament getroffen und sogar einer Volksabstimmung unterworfen werden. Was uns betrifft, so sind wir für Bündnisfreiheit, gegen den Beitritt zur NATO und gleichermaßen gegen den Beitritt zum Warschauer Pakt...".

Zur Frage der Existenz von US-Stützpunkten auf spanischem Boden

wird ebenfalls zwischen einer grundsätzlichen Ablehnung und einem pragmatischen Arrangement unter den gegenwärtigen Umständen unterschieden. Solange die beiden Supermächte ihre ausländischen Basen nicht verschrottet hätten, würde die PCE die Existenz von US-Stützpunkten in Spanien akzeptieren, um das gegenwärtige militärische Kräftegleichgewicht nicht zu stören.
In der Europapolitik verfolgt die PCE langfristig eine neutralistische Perspektive. Sie will ein Europa, das nicht der Hegemonie irgendeiner Großmacht unterworfen ist. Dieses Europa sollte politisch und ökonomisch „antimonopolistisch" aufgebaut sein. Der Sozialismus sollte darin von jeder Nation nach ihrer Fasson verwirklicht werden.

(2) Die Sozialistische Arbeiterpartei Spaniens (PSOE)

Während die Geschichte der PCE in der Franco-Ära trotz der schweren Schläge, die sie nach dem verlorenen Bürgerkrieg einstecken mußte, und trotz der mannigfachen Wendungen der Parteiführung eine bemerkenswerte Kontinuität aufweist, kann man das von den Resten der PSOE kaum sagen. Selbst in einer parteioffiziösen Darstellung heißt es ausdrücklich, die Sozialistische Arbeiterpartei sei aus dem Bürgerkrieg völlig zertrümmert hervorgegangen. Nach mehreren Abspaltungen in den letzten Jahren hat die PSOE gegenwärtig eine Mitgliederzahl um 50000. Die Tendenz ist steigend, nicht zuletzt unter dem Eindruck des ersten legalen PSOE-Parteitages vom Dezember 1976, auf dem Persönlichkeiten des internationalen Sozialismus wie Willy Brandt, Mitterrand, Nenni und Olof Palme gleichsam als Bürgen für den Rang der spanischen Genossen auftraten. In den Parlamentswahlen 1977 erhielt sie, angeführt von ihrem jungen, dynamischen, charismatischen Generalsekretär Gonzales, fast 30% der Stimmen.

Anders als bei der PCE, die trotz ihrer revisionistischen Züge aus ihrer intellektuellen Tradition heraus einige verbindliche ideologische Positionen aufweist, bleiben die programmatischen Grundzüge der Sozialisten noch wesentlich unbestimmter und heterogener. Die Grundsatzdokumente der PSOE sind deshalb weniger als längerfristige Zielvorstellungen der Partei zu begreifen, sondern eher als Resultanten der jeweiligen innerparteilichen Kräftekonstellation zwischen ihren weit auseinanderstrebenden Flügeln. Der auffallenden Neigung zu radikalen For-

mulierungen steht eine sehr anpassungsfähige politische Tagespraxis gegenüber.
Oberstes Ziel sozialistischer Politik ist die „Eroberung der politischen und wirtschaftlichen Macht durch die Arbeiterklasse und die radikale Umwandlung der kapitalistischen Gesellschaft in eine sozialistische Gesellschaft". Bei allem tagespolitischem Opportunismus bemühen sich die Sozialisten häufig, die Kommunisten in verschiedenen Fragen „links zu überholen". Sie bedienen sich dabei eines marxistisch-leninistischen, revolutionären Vokabulars, das die Kommunisten in der gegenwärtigen Situation nur mit größter Zurückhaltung verwenden.

Ebenso schwer wägbar wie die programmatischen Ziele und die innenpolitischen Vorstellungen der spanischen Sozialisten ist ihre Einstellung zu internationalen Problemen. Insbesondere in der Außenpolitik macht sich der Druck der mehr ideologisch orientierten und emotional bestimmten, zu relativ extremen Formulierungen neigenden Parteikader geltend, bei denen gewisse anti-westliche und vor allem anti-amerikanische Ressentiments aus der Zeit des Franco-Regimes nachwirken. Im Unterschied zu den eher gemäßigt auftretenden Kommunisten bestehen sie auf einer deutlich klassenkämpferisch gefärbten Haltung. Sie fühlen sich gegenüber Carillo und seiner PCE als die wahren und echten Hüter des marxistischen Erbes und der linken Tradition.
So ergibt sich die eigentümliche Situation, daß die Sozialisten in mancher Beziehung eine noch negativere Haltung gegenüber der westlichen Zusammenarbeit und der europäischen Integration und insbesondere gegenüber den USA beziehen, als es die PCE tut. Aus der Sicht der PSOE ist die internationale Lage charakterisiert „durch die Existenz von Ausbeuterstaaten und ausgebeuteten Völkern wie durch die Konfrontation zwischen politisch-militärischen Blöcken, was sich in der Aufspaltung der Arbeiterklasse im Weltmaßstab ausdrückt, ihre totale Befreiung von wirtschaftlicher, gesellschaftlicher und politischer Ausbeutung verzögert".
Die PSOE fordert die Beseitigung der Militärbasen der USA in Spanien. Sie proklamiert die Unabhängigkeit Spaniens von allen militärischen Blöcken und strebt eine aktive Neutralitätspolitik gemeinsam mit anderen neutralistischen und bündnisfreien Staaten Europas an. Die aktive Neutralität muß aus eigener Kraft der neutralistischen Staaten verteidigt werden können: „Es wird keine Möglichkeit zur Konsolidierung eines sozialistischen und freien Spaniens geben, wenn dieses nicht in der Lage

ist, sich mit Gewalt der Einmischung oder der Pressionen gewisser Mächte zu erwehren". Dafür soll eine dritte militärische Kraft aus Ländern geschaffen werden, die auf dem Wege sind, einen „demokratischen Sozialismus" aufzubauen.
In der außenpolitischen Debatte des Madrider Parlaments am 21. September 1977 haben die Sozialistische Arbeiterpartei (PSOE), die kleine Sozialistische Volkspartei (PSP) und die Kommunistische Partei (PCE), die zusammen fast die Hälfte der Parlamentsitze innehaben, noch einmal ausdrücklich den Verzicht auf eine NATO-Mitgliedschaft Spaniens gefordert. Seine Gegnerschaft gegen einen NATO-Beitritt Spaniens bekräftigte der Generalsekretär der PSOE, Gonzales, wieder Anfang Februar 1978.
Die Haltung der spanischen Sozialisten zur europäischen Integration ist nicht eindeutig festlegbar, wenngleich außer Zweifel steht, daß ein geeintes Europa ein sozialistisches sein muß. Da dieses Ziel nicht unmittelbar verwirklicht werden kann, verfolgt man vorläufig hinsichtlich der europäischen Integration folgende Politik: „Es hat keinerlei Sinn, nationale Institutionen und Kompetenzen, die demokratisch kontrollierbar sind, anderen, supranationalen unterzuordnen, die möglicherweise dazu geschaffen sind, den Fortschritt zum Sozialismus zu verunmöglichen ... Es gilt, in jedem Land die Autonomie zur Vornahme sozialistischer Transformationen zu bewahren, aber das Richtige wäre, ein anderes Modell des europäischen Aufbaus zu entwickeln". Für die Entwicklung der europäischen Integration unter liberal-demokratischen Vorzeichen ist also von den Sozialisten keine Unterstützung, sondern Gegnerschaft zu erwarten. Ein anderes Europa mit anderen Partnern ist ihr Ziel.

c) Kommunismus und Sozialismus in Italien

(1) Die Kommunistische Partei Italiens

Die Kommunistische Partei Italiens ist nach dem 2. Weltkrieg mit schnellen Schritten zur zweitstärksten Partei des Landes aufgestiegen. In den ersten Nachkriegswahlen erhielt sie rund 16% und blieb noch deutlich hinter den Sozialisten zurück, die etwa 21% der Stimmen auf sich vereinigen konnten. Bis 1972 war der kommunistische Stimmenanteil jedoch im wesentlichen zu Lasten der Sozialisten und Sozialdemokraten auf über 29% gestiegen. In den Parlamentswahlen von 1976 gewann die KPI schließlich 34,4% der Stimmen und liegt damit nur noch knapp hinter den Christlichen Demokraten (DC). Die Tendenz ist steigend. Auf der kommunalen und regionalen Ebene hat sie die DC bereits überholt. In den meisten der großen industrialisierten Kommunen regieren Kommunisten oder Volksfrontkoalitionen zwischen Kommunisten und Sozialisten. Die Thesen des langjährigen KP-Chefs Togliatti und seines Nachfolgers, Berlinguer, vom eigenständigen Weg Italiens zum Sozialismus, das Bekenntnis der KPI zum Pluralismus und anderen Wertvorstellungen westlicher Demokratien, auch zum Katholizismus und nicht zuletzt ein allerdings mit nicht unwesentlichen Vorbehalten versehenes, verklausuliertes Bekenntnis zur NATO und zur Europäischen Gemeinschaft scheinen die Attraktivität der KP bei den Parlamentswahlen zusehends gesteigert zu haben. Fraglich ist, wieweit bei diesen pro-westeuropäischen und pro-religiösen Bekenntnissen Taktik vorherrschte oder wieweit sie tatsächlich letztliche ideologisch-programmatische Ziele der Partei geworden sind.

Hier vermag die historische Entwicklung der KPI einigen Aufschluß zu geben: Als Folge von Spannungen zwischen revolutionärem und evolutionärem (revisionistischem) Flügel der Sozialistischen Partei Italiens entsteht 1921 die KPI, die zunächst vollständig in das Fahrwasser der Entwicklung der russischen Oktoberrevolution gerät. Sie vertritt die leninistische These der gewaltsamen Eroberung der politischen Macht und der Unterordnung unter den Führungsanspruch der KPdSU in der Dritten Internationalen.
Sie folgt dem Organisationsprinzip des „demokratischen Zentralismus" mit strikter Unterordnung der Partei unter ihre Führer. In den späten 20er und 30er Jahren führen sowohl der erste große Parteiführer Gramsci als auch Togliatti eine flexiblere Taktik der KPI ein: einerseits wird die Zustimmung der Massen zu dem Entwicklungsprozeß zum Sozialismus gefordert und damit auch zur Bedingung der sozialistischen Umwandlung des Systems gemacht. Andererseits verfolgt die KPI, insbesondere intern, nach wie vor stalinistische Grundsätze. 1944 fordert Togliatti in einem Appell an die nationalen Interessen Italiens ein Volksbündnis mit den Sozialisten und den Katholiken(!), den sogenannten „historischen Kompromiß". Auch nach der Ausschließung der Kommunisten aus der katholischen Kirche 1949 setzt er sein Werben um die Katholiken als Politik der „ausgestreckten Hand" fort. 1956 führt er die These des

„Polyzentrismus" ein, die eine individuelle Entwicklung der unterschiedlichen Staaten zum Sozialismus auf der Grundlage der Einheit der Arbeiterklasse wie auch der verschiedenen nationalen Rollen einzelner Länder unter Bewahrung der Freiheiten für Kultur und Glauben theoretisch rechtfertigt. Die Verurteilung des russischen Eingriffs in den ungarischen Volksaufstand 1956 deutet eine weitere Distanzierung der KPI von der Sowjetunion und der Avant-Garde-Rolle der KPdSU an.
Auf der anderen Seite wirft Berlinguer 1972 den USA vor, als Hegemonialmacht im westlichen Bündnis die Entwicklung in den einzelnen Ländern der Europäischen Gemeinschaft zu behindern und sozialistische Umwandlungen der Wirtschafts- und Gesellschaftsordnung unmöglich zu machen.

Gemeinsam mit den kommunistischen Parteien Frankreichs und Spaniens wurden 1975 die Perspektiven der neuen sozialistischen Programmatik entworfen, die zu der Vorstellung eines spezifischen „Euro-Kommunismus" führten. Die Perspektiven enthalten Bekenntnisse zur Demokratie, zur Entwicklung der persönlichen und kollektiven Freiheit, zur demokratischen Gliederung des Staates, zum Pluralismus der Parteien, zur Freiheit und Vielfalt der Kunst, der Kultur und der Wissenschaft, zur Koexistenz verschiedener Formen öffentlicher und privater Initiativen, zur allmählichen Vergesellschaftung der wesentlichen Produktionsmittel und zu einer demokratischen Wirtschaftsprogrammierung. Die formelhafte Allgemeinheit der Begriffe macht eine inhaltliche Beurteilung äußerst schwierig.
Darüber hinaus muß ihre jeweilige Verortung im historischen Entwicklungsprozeß genau festgestellt werden. Je nachdem, ob sie auf die Übergangszeit „der Entwicklung in Richtung auf den Sozialismus" oder auf den Endzustand einer sozialistischen Gesellschaft angewandt werden, gewinnen Begriffe wie „Demokratie" und „Pluralismus" und nicht zuletzt „Freiheit" eine völlig andere inhaltliche Bedeutung: das westlich-demokratische Verständnis der Übergangszeit wird am Ende in einem sozialistischen Verständnis aufgehoben. Immerhin besteht Klarheit darüber, daß die politische Macht mittels der Gewinnung der Mehrheit des Volkes angestrebt werden soll.

Auf der Grundlage dieser Perspektiven und Ziele wird die zähe Strategie eines „historischen Kompromisses" zwischen Kommunisten, Sozialisten und Katholiken in Italien verständlich. Sowohl der Katholizismus als auch die Organisation der Kommunistischen Partei sind in der italienischen Gesellschaft tief verankert. Gegen oder ohne Duldung der Katholiken können die Kommunisten derzeit die politische Führung nicht ausüben, wenn ein Bürgerkrieg vermieden werden soll. Deshalb strebt die KPI eine Art paritätisch organisierter Demokratie mit katholischer und kommunistischer Versäulung an, die nicht mit liberal-demokratischen Ordnungsmodellen verwechselt werden darf. Informell hat die KPI den historischen Kompromiß bereits erreicht. Sie ist inzwischen die entscheidende Stütze der christlich-demokratischen Minderheitsregierung Andreotti. Sie hat sich als national unverzichtbare Ordnungsmacht nicht zuletzt durch die Einbindung des mächtigen kommunistischen Gewerkschaftsverbandes (CGIL) in ihrer Strategie bewährt. Die Gewerkschaften üben gegenwärtig noch betonte Zurückhaltung. Dafür beschloß der Vorstand der KPI am 7. Dezember 1977 erstmals, eine offizielle Regierungsbeteiligung seiner Partei zu fordern. Der historische Kompromiß soll formalisiert und verfassungspolitisch und -psychologisch auf Dauer gestellt werden. Vorläufig hat die KPI sich damit begnügt, im März 1978 ihre offizielle Einbeziehung in die *parlamentarische Mehrheit* der neuen Minderheitsregierung Andreotti durchzusetzen. Sie ist aber damit faktisch bereits an der Regierung beteiligt, da parlamentarische Regierungsweise eine möglichst stabile Mehrheit im Parlament voraussetzt, ohne die eine parlamentarische Regierung handlungsunfähig ist. Die formale Ausschließung der Kommunisten aus der Regierung bedeutet deshalb praktisch-politisch nur, daß die offizielle Regierung politisch entmachtet und der Schwerpunkt der politischen Entscheidungsfähigkeit noch stärker in die Mehrheitsfraktionen der DC und der KPI verlagert, also unmittelbar aus dem Parlament regiert wird. Das nationale und internationale Ansehen der Kommunistischen Partei Italiens ist also durch die jüngste Koalitionsentwicklung auch ohne offizielle Ministerämter erheblich gestiegen.

Zudem trifft die KPI insbesondere mit ihrer Forderung einer „neuen Ethik" weithin auf Resonanz. Das Gefühl für die Notwendigkeit einer politisch-moralischen Erneuerung Italiens ist in fast allen Schichten verbreitet. Irritierend und deshalb letztlich wohl auch unglaubwürdig ist jedoch die Tatsache, daß die kommunistischen Forderungen und Prinzipien auch personell innerhalb der KPI augenblicklich von Personen vertreten werden, die zuvor schon stalinistische Ansichten ebenso konsequent verkündeten. Damit wird deutlich, daß die letztlich relevante Frage nach der demokratischen Glaubwürdigkeit der KPI sich eigentlich

erst dann beantworten läßt, wenn sich diese Partei in der unmittelbaren Regierungsverantwortung befindet, allein oder gemeinsam mit den Sozialisten. Doch dann ist es vielleicht bereits zu spät, da der Entwicklungsprozeß im Rahmen westlich-demokratisch-pluralistischer Prinzipien für abgeschlossen erklärt werden und die faktisch erreichte Macht ideologisch auf neue totalitäre Grundlagen gestellt werden kann.
Im Sinne dialektischen Denkens ist damit nur eine höhere Stufe des historischen Entwicklungsprozesses zum Sozialismus erreicht, für freiheitliches Denken alles verloren.

(2) *Die Sozialistische und Sozialdemokratische Partei Italiens*

Dem Aufstieg der Kommunisten entspricht der kontinuierliche Abstieg des sozialistisch-sozialdemokratischen Lagers. 1976 erhielten die Sozialisten noch 9,8% und die Sozialdemokraten ganze 3,4% (1972 waren es noch 5,7%) der Stimmen. Damit sind die ehemals führenden Linksparteien der Nachkriegszeit fast um die Hälfte geschrumpft. Der Niedergang der nicht-kommunistischen Linken ist die Geschichte ihrer Spaltungen und Neuorientierungen vor dem Hintergrund des ideologischen Dauerstreits zwischen Revisionismus und Radikalsozialismus. Sie begann 1947 mit der Abspaltung des von Saragat geführten sozialdemokratisch-reformistischen Flügels von der radikalen Sozialistischen Partei. Die neue Sozialdemokratische Partei war ausgesprochen antikommunistisch, außenpolitisch westeuropäisch-atlantisch und innenpolitisch pragmatisch-reformerisch orientiert. 1949 stimmte sie im Gegensatz zu den Sozialisten und Kommunisten dem Beitritt Italiens zur NATO zu. Sie arbeitete zunächst in den von der DC geführten „Zentrumsregierung“ der rechten Mitte, ab 1963 in den Regierungen der „linken Mitte“ unter Einschluß der Sozialisten mit. Die alte, von Nenni geführte Sozialistische Partei ging zunächst ein ideologisch-politisches Bündnis mit der KPI ein. Beide Parteien wurden zunehmend unter dem Schlagwort des „Sozialkommunismus“ als Einheit gesehen. Nenni erhielt 1956 den Stalinpreis. Die Sozialisten waren aber im Unterschied zur KPI ideologisch heterogen, voller Rivalitäten, innerparteilich undiszipliniert und attraktiv für Intellektuelle. Innen- und außenpolitisch übertrafen sie teilweise die KPI noch an anti-westlicher Radikalität. Die Übernahme von Regierungsmitverantwortung seit 1963 führte neben den Enthüllungen über Stalin zu einer Wiederannäherung an die Sozialdemokraten. 1966 kam es zur Wiedervereinigung. Diese konnte die sozialistisch-klassenkämpferischen Positionen der alten Sozialistischen Partei jedoch nicht überwinden. Die wiedergewonnene Einheit zahlte sich auch in den Wahlen nicht aus: 1969 trennte man sich wieder. Die Nenni-Sozialisten schwenkten zur KPI zurück. Ihre Verweigerung einer weiteren Zusammenarbeit mit der DC in Regierungskoalitionen ohne die Beteiligung der KPI führte 1972 und 1976 zu vorzeitigen Neuwahlen. Der eindeutige Gewinner dieser wechselhaften und verschleißenden Entwicklung des sozialistisch-sozialdemokratischen Lagers zwischen Reformismus und Katholizismus einerseits und radikalsozialistischen Utopien und Kommunismus andererseits war und ist die KPI, für die die Sozialisten wohl erst dann wieder interessant werden, wenn die Kommunisten ihren Stimmenanteil an 40% angenähert haben.

d) Die politische Linke Griechenlands

Die Rückkehr Griechenlands zur parteienstaatlich-parlamentarischen Demokratie im Sommer 1974 bedeutete zugleich den Wiedereintritt einer marxistisch-revolutionären Linken in die politische Arena. Die Legalisierung der Kommunisten nach 27 Jahren illegaler Untergrundexistenz erfolgte unmittelbar bei Amtsantritt der zivilen Übergangsregierung. Sie stellt eine Zäsur der griechischen Zeitgeschichte dar. Die Legalisierung der Kommunisten ist das Ergebnis des sich im gemeinsamen Kampf gegen die Militärherrschaft herausgebildeten anti-diktatorischen Grundkonsensus, der über den Sturz der Militärherrschaft hinausreichte. Sie ist zugleich ein Kalkül der bürgerlichen Kräfte, eine legalisierte KP besser unter Kontrolle halten zu können als eine im Untergrund wirkende, die sich weiterhin als die eigentliche Kraft demokratischer Befreiung ausgeben könnte.
Die griechische Linke besteht gegenwärtig im wesentlichen aus zwei kommunistischen Parteien sowie der Panhellenischen Sozialistischen Bewegung (PASOK). Die stärkste Partei der Linken, die PASOK, erhielt in den Parlamentswahlen 1974 13,6% der Stimmen, die beiden K-Parteien zusammen mit sozialistischen Splittergruppen 8,5%. Die oppositionellen Linksparteien vereinigen also gut 22% der Stimmen auf sich. Diese Situation hat sich seit den vorzeitigen Novemberwahlen von 1977 radikal verändert. Entgegen Voraussagen, die keine einschneidenden Verschiebungen im Parteiensystem erwarten ließen, konnte die PASOK ihren

Stimmenanteil auf 25,2% steigern, also fast verdoppeln. Gleichzeitig brachte die Wahl eine Klärung des Kräfteverhältnisses zwischen den beiden kommunistischen Parteien. Die Moskau-orientierte KP-Ausland erhielt nunmehr allein 8,9% der Stimmen, die KP-Inland wurde nahezu bedeutungslos. Während die bislang stärkste Oppositionspartei, die liberal-konservative „Zentrumsunion" Mavros' dezimiert wurde, stiegen die beiden Linksparteien mit über 34% der Stimmen zur eigentlichen oppositionellen Gegenkraft gegen die Regierung Karamanlis auf, dessen „Neue Demokratie" noch über eine Mehrheit von 174 von 300 Sitzen im neuen Parlament verfügt.

(1) Die kommunistischen Parteien

Die griechischen Kommunisten sind seit der zwölften Sitzung des Zentralkomitees der Partei im Februar 1968 in Bukarest in die Moskau-orientierte KP-Ausland und die „national" orientierte KP-Inland gespalten. Die Wurzeln dieser Spaltung sind bis in die 50er Jahre zurückzuverfolgen und im wesentlichen das Ergebnis der natürlichen Spannungen zwischen einer im Exil lebenden Parteiführung und der Mitgliederbasis in der Heimat. Die Organisation des Widerstandes der Kommunisten gegen die Militärherrschaft verlagerte den Schwerpunkt zwangsläufig in die Heimat, der Widerstand ließ sich nicht nach den Direktiven einer im Ausland sitzenden Parteiführung durchführen.
Die zunächst rein organisatorische Trennung von Exil-Zentralkomitee und Inlandsbüro entwickelte sich mehr und mehr auch zu einer ideologischen Spaltung in zwei selbständige Parteien.
Die Moskau-orientierte Partei verficht die klassische Einheitsfront-Strategie, die die Zusammenarbeit mit allen „anti-diktatorischen Kräften" anstrebt, dabei Massendemonstrationen und Streiks einschließt, jedoch entschieden auf den bewaffneten Kampf verzichtet. Programmatisches Ziel ist eine „erneuerte und modernisierte Demokratie", die der KP-Ausland bei der marxistischen Linken nicht selten den Vorwurf des „Sozialdemokratismus" einbrachte, da es nicht über ein bürgerliches Reformprogramm hinauszugehen schien. Hierbei verkennen die Kritiker jedoch die leninistische Zwei-Phasen-Strategie, die stets in ihrer ersten Etappe eine „demokratische" und „anti-monopolistische" Umgestaltung der Gesellschaft anpeilt und erst danach die Diktatur des Proletariats bzw. die grundlegende sozialistische Umwandlung der Gesellschaft mit einem ungeteilten Machtmonopol der Kommunistischen Par-

tei. Demgemäß tritt die KP-Ausland in der gegenwärtigen ersten Phase programmatisch für die Befreiung Griechenlands von der Abhängigkeit vom „ausländischen", d. h. praktisch westlichen Kapital ein. Sie fordert die Aufkündigung aller Verträge mit den „fremden Monopolen", die Lösung der Bindungen an die NATO und die Entfernung aller ausländischen Militärstützpunkte von griechischem Boden. Grundlage der außenpolitischen Konzeption der KP-Ausland ist die Unterordnung unter die außenpolitischen Interessen der Sowjetunion, dessen Führungsrolle im internationalen Kommunismus kritiklos anerkannt wird.

Die internationalistische Grundorientierung der KP-Ausland wird von der KP-Inland strikt abgelehnt. Ihr „eurokommunistischer" Zug liegt in der Betonung der eigenen Interessen Griechenlands und in ihrem patriotischen Impetus. Der „Berlinguer-Kurs" der KP-Inland dokumentiert sich außenpolitisch vor allem in der prinzipiellen Zustimmung einer griechischen Mitgliedschaft in der EG.

Programmatisch orientiert sich die KP-Inland an den Formeln eines „demokratischen, patriotischen, anti-diktatorischen Kampfes", für den sie sich um die Sammlung aller anti-monopolistischen Kräfte aus Arbeitern, Bauern, den Mittelschichten, der Jugend, Intellektuellen sowie der nationalen Bourgeoisie bemüht. Die Partei gedenkt an der Modernisierung der gesellschaftlichen und politischen Strukturen im Zeichen des Reformprogramms der Regierung Karamanlis teilzunehmen. Sie stellt daher maximalistische Forderungen gegenwärtig diszipliniert zurück. Auf diese Weise hofft sie vor allem die stärker werdenden „neuen" Mittelschichten in einer expandierenden Dienstleistungsgesellschaft zu gewinnen. Durch ihren aktiven Widerstand gegen die Militärherrschaft und ihre Fähigkeit, die stark politisierten Teile der Jugend und der Studentenschaft anzusprechen, hatte sie dafür eine günstige Ausgangslage gewonnen. Damals wurde eine besonders die studentische Jugend mobilisierende Synthese national-patriotischer und marxistisch-revolutionärer Theoreme entwickelt, die sie heute in ihrer Jugendorganisation fortführt und für die in der griechischen Gesellschaft latent ein beträchtlicher Resonanzboden besteht. Ihre politisch-ideologische Mittelposition zahlte sich jedoch nicht aus. Sie wurde zwischen dem orthodoxen Kommunismus der KP-Ausland und dem national-sozialistischen Radikalismus der PASOK aufgerieben.

Die Auffassungen über die organisatorische Stärke der beiden kommunistischen Parteien divergieren: auch hier ist die KP-Ausland ihrer eurokommunistischen Konkurrenz überlegen. Für die KP-Ausland werden 60000 Vollmitglieder und 35000 Kandidaten genannt, für die KP-Inland nur 15000 Vollmitglieder und 12000 Kandidaten.

(2) Die Panhellenische Sozialistische Bewegung (PASOK)

Die PASOK verfügt einerseits über einen für griechische Verhältnisse sehr hohen Organisationsgrad, der bis in die Wohnviertel der Städte und die kleinsten Dörfer hineinreicht. Andererseits ist die PASOK ideologisch erheblich heterogener als die beiden kommunistischen Parteien.
Die von Andreas Papandreou, einem demagogischen Talent, geführte PASOK steht innen- und außenpolitisch links von der KP-Inland. Sie weist programmatisch erhebliche Übereinstimmungen mit dem gegenwärtigen Kurs der Moskau-orientierten KP-Ausland auf. Dies wird nicht zuletzt in der Außenpolitik deutlich, in der Papandreou heute vielfach eng mit der KP-Ausland zusammenarbeitet. Namentlich Papandreou ist von einem leidenschaftlichen Anti-Amerikanismus besessen. Die NATO bezeichnet er als ein Organ der Besetzung Griechenlands. In der Europäischen Gemeinschaft sieht er heute lediglich eine andere Fassade der NATO, eine „Gemeinschaft multinationaler Bestien von übergroßen Dimensionen unter amerikanisch-deutschem Direktorat". Demgemäß will die PASOK Griechenland aus allen militärischen und politischen Bündnissen herauslösen und in eine „aktive Neutralität" führen. Fraglich ist jedoch, wie sich diese Neutralitätspolitik mit der Moskau-Orientierung der KP-Ausland verbinden läßt. Hier kündigen sich eventuell spätere Kontroversen zwischen den beiden Wahlsiegern an. Die nationalistisch-sozialistischen Parolen der PASOK, die zunächst vorwiegend den akademischen Nachwuchs faszinierten, beeindrucken inzwischen breite Bevölkerungsschichten. Der triumphale Wahlerfolg wird die PASOK in ihrer Strategie der Polarisierung und Radikalisierung bestärken.

Auch die KP-Ausland hat starken Auftrieb bekommen. Beide Parteien besaßen und besitzen erhebliche politisch-programmatische Berührungspunkte. Die Linksopposition dürfte also nicht nur zahlenmäßig stärker, sondern auch ideologisch-homogener, d. h. schlagkräftiger werden. Damit drohen zunehmend auch konzertierte außerparlamentarische Oppositionsaktivitäten im Zusammenwirken mit Gewerkschaften und den durchweg radikalen Studentenvertretungen der Hochschulen: Streiks,

Demonstrationen und die Tumult-Politik der Straße. Andreas Papandreou wird mit Unterstützung der KP-Ausland alles tun, um den Leitsatz des Ministerpräsidenten Karamanlis und seiner „Neuen Demokratie“: ‚Griechenland gehört zum Westen‘ zu bekämpfen. Papandreou trifft dabei auf eine psychologisch günstige Ausgangssituation. Er könnte ein nationales, geistig-kulturelles und moralisches Vakuum ausfüllen, das einerseits durch die Militärdiktatur, andererseits durch den enormen und schmerzhaften sozialen Wandel von einer traditionalistischen, klientelhaft-personalistischen Gesellschaft zur Industrie- und Konsumgesellschaft westeuropäischen Typus entstanden ist. Die gegenwärtigen Identitätsprobleme Griechenlands entwickeln sich – dafür sind die Novemberwahlen von 1977 ein Signal – zu einer zunehmend explosiven Mischung aus extremem Nationalismus und revolutionärem Sozialismus, die Griechenland auf lange Zeit politisch von Europa absprengen kann, sollte die Einbindung des Landes in die Europäische Gemeinschaft der westlichen Demokratien nicht gelingen.

e) Die Linke in Großbritannien

Der Sozialismus der Briten ist fast ohne Doktrin. Die über 100 Jahre alte Kritik Friedrich Engels an ihrer „Gleichgültigkeit gegenüber der Theorie“, die er für einen der Hauptgründe für den langsamen Fortschritt der englischen Arbeiterbewegung hielt, hat noch heute ihre Berechtigung. Er ist durchdrungen von jenem vorsichtigen Pragmatismus, der nicht nur den britischen Nationalcharakter, sondern auch seit jeher die britischen Gewerkschaften und die Labour Party kennzeichnet. Labour Party und Gewerkschaften haben in ihrer weithin gemeinsamen Geschichte erstens ein ausgesprochen unideologisches Verständnis der Interessen ihrer häufig identischen Mitglieder bzw. Wähler an den Tag gelegt. Gesellschaftstheoretiker und Ideologen aller Schattierungen haben sich bislang in der Labour Party in der Minderheit befunden. Den politisch-programmatischen Vorstellungen ihres linken Flügels fehlt die umfassende theoretisch-kritische Einbettung in die marxistische Gesellschaftsanalyse. Sie lassen sich innenpolitisch reduzieren auf Forderungen nach staatlicher Kontrolle der größeren Industrien und ebenso allgemeinen wie undifferenzierten Gleichheitspostulaten, außenpolitisch auf Anti-Imperialismus, Anti-Kolonialismus und einen pazifistisch gefärbten

Neutralismus. Die totale Umgestaltung der Gesellschaft nach sowjetischem Muster etwa kam kaum je in Betracht. Da sie sich normalerweise daran orientierte, ob und wie die Arbeitsbedingungen besser und die Löhne höher werden könnten oder wie militärische Sicherheit zum geringsten Preis zu erzielen sei, konnte auch die rechte Mehrheit der Labour Party Vorstellungen des linken Flügels häufig akzeptieren. Auf der Linie dieser Grundhaltung wurde 1920 der Antrag der neugegründeten Kommunistischen Partei abgewiesen, in die Labour Party aufgenommen zu werden. Kommunistische Ziele seien mit „Statuten, Prinzipien und Programm" der Labour Party nicht zu vereinbaren.

Dem 23 Mitglieder umfassenden Kabinett des Parteirechten James Callaghan gehören gegenwärtig 4 Linke an. Ihre wesentliche Intention ist, die sozio-ökonomische Macht möglichst umfassend und schnell auf die Arbeiterklasse oder auf den Staat als dessen Treuhänder zu verlagern. Ihre außenpolitischen Haltungen sind geprägt von der Antipathie gegen die Ziele des internationalen Marxismus und die Außenpolitik der Sowjetunion. Überhaupt haben Antipathien in der Außenpolitik in der Labour-Linken häufig eine große Rolle gespielt. Dahinter steht die bis ins 19. Jahrhundert zurückgehende Furcht weiter Teile der britischen Bevölkerung, in außenpolitische Komplikationen oder sogar in Kriege hineingezogen zu werden, die nur Geld kosten und am Ende zur Verarmung der Arbeiterschichten führen würden. So hat eine Mischung aus Moralismus, Neutralismus und Pazifismus vor allem in den 50er Jahren die Labour-Debatten um Fragen der Außen- und Verteidigungspolitik beherrscht: Zunächst opponierten sie gegen die Wiederaufrüstung Großbritanniens im Zusammenhang des Korea-Krieges, dann gegen die deutsche Wiederbewaffnung und schließlich agitierten sie gegen den britischen Kernwaffenbesitz. Der Aufbau des britischen Empires wurde von der rechten Labour-Mehrheit getragen und von der Linken nur insoweit toleriert, daß das Empire für die Erhaltung von Arbeitsplätzen und die Steigerung des Wohlstandes in Großbritannien nützen konnte, der sozio-ökonomische Gewinn also größer als die Kosten war.

Das emotionale Grundmuster aus Fremdenfurcht, Autarkiebestrebungen, Patriotismus und Neutralismus findet sich neben aktuellen wahltaktischen Überlegungen auch in der zwiespältigen Einstellung der Labour Party zur Europäischen Gemeinschaft. Die Linke tritt als entschiedener Gegner einer britischen EG-Mitgliedschaft auf, wobei berücksichtigt werden muß, daß das Mißtrauen gegenüber supranationalen Ansprü-

chen in der gesamten Labour Party und den Gewerkschaften durchgängig ist. Nach ihrer Niederlage im Referendum vom Juni 1975, das 67,2% Ja-Stimmen für den Beitritt zur Europäischen Gemeinschaft ergab, ist die Labour-Linke in dieser Frage gegenwärtig eher zurückhaltend und anscheinend von der Sorge bewegt, die Labour Party an der Regierung zu halten. Ihr Verhalten wird in Zukunft jedoch davon abhängen, wie weit es gelingt, zu stabilen wirtschaftlichen Verhältnissen zurückzukehren und ob und wie weit der „Sozialkontrakt" zwischen der Dachorganisation der Gewerkschaften und der Regierung, der im Winter 1974/1975 schon einmal durch außerordentlich hohe Lohnanforderungen einzelner Gewerkschaften gefährdet war, bestehen bleibt.
Die Parteilinke bemüht sich gegenwärtig, ihre Positionen in den Gewerkschaften zu verbessern, um angesichts der traditionell engen institutionellen und politischen Verklammerung zwischen Labour und den Gewerkschaften auch auf diese Weise ihren Einfluß in der Partei zu verstärken. Hierbei hat sie in jüngster Zeit einige punktuelle Erfolge in einzelnen Gewerkschaften erzielen können, in denen insgesamt verschiedene Radikalisierungstendenzen erkennbar werden.

Dieselbe Strategie verfolgt, ebenfalls mit einigen regionalen und punktuellen Erfolgen, die Kommunistische Partei in den Gewerkschaften. Auf der politischen Bühne Großbritanniens hat die Kommunistische Partei seit ihrer Gründung 1920 dagegen nie mehr als 0,5% der Stimmen oder mehr als 2 Unterhaussitze erringen können. Ihre Mitgliederzahl ist seit dem Krieg ständig gesunken und beträgt heute nur etwa 29000. Das Ansehen der Kommunistischen Partei hat durch sowjetische Aktionen, wie die Parteisäuberung unter Stalin, die Berlin-Blockade, die Unterdrückung des Ungarn-Aufstandes und den Einmarsch in die CSSR immer sehr gelitten, wenngleich die Partei sich seit langem bemüht, sich von der Politik Moskaus zu distanzieren. Inzwischen beteuert sie öffentlich, die persönliche Freiheit, die Pluralität der politischen Parteien, die Unabhängigkeit der Gewerkschaften und weitere liberal-demokratische Errungenschaften garantieren zu wollen.

Das Konfliktpotential, das in einer Reihe neuerer trotzkistischer und maoistischer Splittergruppen liegt, ist noch nicht eindeutig abzuschätzen. Sie sind in den letzen 10 Jahren schnell angewachsen und verfügen gegenwärtig wahrscheinlich zusammen über 10000 Mitglieder. Teilweise konkurrieren sie hinsichtlich ihrer Zielgruppen untereinander, teilweise konzentrieren sie sich entweder auf junge Arbeiter oder Studenten, auf

die Unterwanderung einzelner Gewerkschaften oder lokale Parteiorganisationen der Labour Party, vornehmlich im Londoner Raum. Diese Gruppen sind (möglicherweise mit Ausnahme der Maoisten) prinzipiell gegen die NATO und die EG eingestellt, die in ihren Augen nur als Agenten des Großkapitals unter der Führung der USA agieren. Sie können politische und wirtschaftliche Unruhen auslösen und damit der Labour-Regierung ernste Probleme bereiten.

f) Die sozialistischen Parteien und die Kommunistische Partei Dänemarks

(1) Die Sozialdemokratische Partei (SD)

Sie wuchs 1887 als spezifisch politische Organisation aus der bisherigen Einheit der Arbeiterbewegung heraus, war seit 1924 (32,2%) regelmäßig die größte Fraktion im Folketing und ist seither mit einem durchschnittlichen Stimmenanteil von 40% bis 1973 mit einer mehrjährigen Unterbrechung ständig Regierungspartei gewesen. Das Jahr 1973 bedeutet insbesondere für die SD einen tiefen Einbruch in ihre traditionellen Wählerschichten und zugleich eine Zäsur für das gesamte Parteiensystem (näheres s. u.). Die damalige Spaltung der Arbeiterbewegung in Partei und Gewerkschaft war und blieb formal, organisatorisch: sie bedeutete eine Arbeitsteilung zweier Teile eines Ganzen. Noch heute sind die SD und die Gewerkschaften – ähnlich wie in Großbritannien – institutionell, ideologisch und personell eng miteinander verflochten. Beide unterstützen und stabilisieren sich traditionell gegenseitig auf einem Kurs sozialdemokratisch-reformerischer Politik. Die politisch-programmatische Grundhaltung ist eher pragmatisch an den Interessen der kleinbürgerlichen Arbeiter-, Angestellten- und der bäuerlichen Schichten orientiert. Programmatische Schlüsselbegriffe ihrer Innenpolitik sind Solidarität, Freiheit, Gleichheit, die für ein lange kaum ausgeformtes Modell eines „demokratischen Sozialismus“ stehen, der bisher praktisch wohlfahrts- und sozialstaatlichen Dirigismus mit egalitären Konsequenzen und die systematische Ausweitung der Mitbestimmungsrechte der Arbeiterschaft, sprich der Gewerkschaften in allen Bereichen der Wirtschaft („Wirtschaftsdemokratie“) bedeutete. Sicher nicht zuletzt wegen der ständigen Notwendigkeit, mehrheitsfähige Kompromisse, zumeist mit den linksbürgerlichen Radikalliberalen, in offiziellen Koalitionsregierungen oder als tolerierte Minderheitsregierung zu suchen, blieb die Partei bis in die jüngste Zeit von ideologischem Dogmatismus verschont. Sie strebt außenpolitisch Entspannung und eine friedliche Entwicklung der internationalen Beziehungen an: langfristig eine Welt ohne Waffen, gesichert durch die Vereinten Nationen. Angesichts der weltpolitischen Realitäten wurde die NATO bisher kritisch befürwortet.

Längere Zeit hatte sich die Sozialdemokratische Regierung jedoch um den Aufbau eines eigenen nordischen Verteidigungspaktes bemüht, mit dem eine neutralistische Politik außerhalb der beiden Blöcke betrieben werden sollte.

Auch zur EG-Mitgliedschaft, die sie betrieb, sah die SD bisher keine Alternative. Sie befürwortete die Ausdehnung der Kompetenzen und Kontrollbefugnis des Europäischen Parlaments über die EG-Kommission, wollte jedoch ein Veto-Recht gegen supranationale Beschlüsse behalten. Die EG sollte insbesondere auf den Gebieten der Überwachung multinationaler Konzerne, des Umweltschutzes, neuer Technologien der Produktion und in der Entwicklungshilfe für die Dritte Welt aktiv werden.

Diese tradierten Grundlinien der Sozialdemokraten für die Innen- und Außenpolitik sind seit September 1977 durch die Verabschiedung ihres neuen Gruundsatzprogramms radikal nach links korrigiert worden. Als Parteiziele werden nunmehr definiert: der Gemeinbesitz aller Produktionsmittel, Verstaatlichung des Bank- und Versicherungswesens, des gesamten Gesundheitswesens. Aller Grund und Boden sowie alle Häuser sollen durch Aufkauf oder eine entsprechende Besteuerung schrittweise in öffentlichen Besitz überführt werden. Diese rigorose Verstaatlichungspolitik soll in ein umfassendes Konzept staatlicher Planung und Investitionslenkung eingebettet werden.

Bedingung für die weitere NATO-Mitgliedschaft soll sein, daß die NATO „ein Forum zur Sicherung der Ost-West-Entspannung bleibt". Die EG-Mitgliedschaft soll allein danach beurteilt werden, ob sie den „demokratischen Sozialismus national und international fördert".

(2) Die Sozialistische Volkspartei (SVP)

Sie wurde 1960 von abtrünnigen Kommunisten, wesentlich von dem langjährigen Kommunistenführer Aksel Larsen gegründet und erreicht

seither in den Wahlen zum Folketing zwischen 6 und 10% der Stimmen. Entgegen orthodox-marxistischer und bürokratischer Erstarrung der Kommunistischen Partei Dänemarks einerseits und dem langjährigen Revisionismus der SD andererseits proklamiert sie einen „dritten Weg zum Sozialismus“, eher rätedemokratischer und radikal-sozialistischer Ausprägung. Taktisch strebt sie eine anti-kapitalistische Einheitsfront mit anderen Gruppen unter Führung der Arbeiterklasse an. Außenpolitische Ziele sind internationale Solidarität im Kampf gegen Kapitalismus und Imperialismus und damit die Unterstützung der Befreiungsbewegung in der Dritten Welt. Die Finanzierung soll durch Abrüstung und den Rückzug aus NATO und EG, die als Instrumente des internationalen Kapitalismus bezeichnet werden, erfolgen.
Von 1966 bis 1968 unterstützte die SVP parlamentarisch die SD-Minderheitsregierung, mit der sie gemeinsam die Mehrheit im Folketing besaß. Die aus der Tolerierung der SD-Regierung resultierenden parteiinternen Spannungen führten 1969 zur Abspaltung ihres linken Flügels, der der SVP Verrat an der Sache des Sozialismus vorwarf: der Linkssozialisten. Der Stimmenanteil der Linkssozialisten liegt heute knapp unter 2%.

(3) Die Kommunistische Partei (KP)

Die KP wurde 1922 gegründet. Nach einem 12,5%-Wahlerfolg 1945 fiel sie in den 50er und 60er Jahren stetig bis auf unter 2% ab. Erst 1973 konnte sie mit 3,6% der Stimmen 6 Parlamentsplätze erringen. Sie ist ideologisch an den internationalen Kommunismus unter Moskauer Führung gebunden und verfolgt eine Politik der Revolution der Arbeiterklasse und der Diktatur des Proletariats auf dem Wege zum Sozialismus. Das Parlament wird als hervorragende Propagandatribüne benutzt. Gemäß Moskauer Interpretation werden NATO und EG als Agenturen des internationalen Kapitalismus strikt abgelehnt. Die KP tritt für ein bündnisfreies und neutralisiertes Europa und für enge Zusammenarbeit mit der Dritten Welt und den sozialistischen Staaten des Ostblocks ein.

(4) 1973: Zäsur des herkömmlichen Parteiensystems

1973 erfuhr das Parteiensystem eine erhebliche Wandlung, die Zahl der im Folketing vertretenen Parteien verdoppelte sich auf 10. Während die

Sozialdemokratische Partei ca. 12% der Stimmen verlor und auf 25,6% absank und die SVP von 9,1% auf 6,0 % herunterrutschte, konnte einerseits die KP ihren Stimmenanteil um mehr als 2% auf 3,6% erhöhen und andererseits die bürgerlichen Parteien erhebliche Gewinne verbuchen.
Die starken Verluste der SD und die relativ hohen Zugewinne der KP signalisieren erstmals in der gemeinsamen Geschichte der SD und der Gewerkschaften eine sich verschärfende gewerkschaftsinterne Auseinandersetzung. Ähnlich wie in Großbritannien versucht die extreme Linke (KP und SVP) über die Eroberung von Gewerkschaftspositionen, die Sozialdemokraten zu schwächen. Insbesondere in regionalen Gewerkschaftsorganisationen im Kopenhagener Raum ist ihr eine Radikalisierung der Gewerkschaftsbasis gelungen, die zum Vertrauensverlust für die Sozialdemokraten führte. Die Ergebnisse von 1973 weisen auf eine Verschärfung der ideologischen Segmentierung und der Polarisierung der Wählerschaft hin.
Das neue sozialistische Grundsatzprogramm der Sozialdemokratischen Partei folgt im wesentlichen der Radikalisierung im linken Parteienspektrum und innerhalb der Gewerkschaften. Damit hat sich die SD aber für die liberale Mitte koalitionsunfähig gemacht, ihre Chancen als tolerierte Minderheitsregierung sind geringer geworden. Wenngleich der als Parteivorsitzende wiedergewählte Ministerpräsident Jörgensen gegenwärtig nur eine gemäßigtere Politik praktizieren kann, bleiben die Weichen längerfristig auf einen dogmatischen Neutralismus und Sozialismus gestellt

g) Die Norwegische Linke

Zur Linken zählen gegenwärtig im wesentlichen die 1867 gegründete Norwegische Arbeiterpartei (DNA), die 1923 gegründete Norwegische Kommunistische Partei (NKP), die Sozialistische Linkspartei (SV), die 1973 zunächst als Wahlbündnis der vereinigten Parteien links der Arbeiterpartei (NKP, SF, AIK) gegründet wurde und sich 1975 zu einer neuen organisatorischen Einheit aus der Sozialistischen Volkspartei (SF) und dem Arbeiterinformationskomitee (AIK) entwickelte. Die orthodox Moskau-orientierte Kommunistische Partei machte die Institutionalisierung des Linksbündnisses aus ideologisch-dogmatischen Gründen nicht mit.
Der Zusammenschluß der extremen Linken zum Bündnis der Sozialistischen Linkspartei (SV) in den Storting-Wahlen von 1973 fügte der tradi-

tionell mit ca. 40% bis 45% Stimmenanteil dominierenden Arbeiterpartei eine schwere Niederlage zu: sie verlor 12 Sitze und ging auf 62 von 155 Storting-Sitzen zurück. Das Linkssozialistische Wahlbündnis (SV) gewann auf Anhieb 16 Sitze. Wesentliches Ergebnis war, daß die in ihrer praktischen Politik mehrheitlich (noch) gemäßigte, eher sozialdemokratisch-reformistische denn sozialistische Arbeiterpartei für die Regierungspolitik seither verstärkt auf die Unterstützung der extremen Linken angewiesen war.

(1) Die Norwegische Arbeiterpartei (DNA)

Sie ist im linken Parteienspektrum seit Beginn dieses Jahrhunderts traditionell dominierend. In ihrer historischen Entwicklung am Revisionismus und Sozialdemokratismus Bernsteins orientiert, ist sie in ihrer Grundhaltung traditionell mehrheitlich reformistisch-evolutionär, radikalisiert sich im Sog ihres zunehmend dominierenden linken Flügels gegenwärtig aber stark. Das anvisierte Ziel ist eine sozialistische Gesellschaft. Allerdings bestand immer eine beträchtliche Diskrepanz zwischen ihrer eher sozialistisch-revolutionären Programmsprache und pragmatischem Handeln, das sich historisch weniger am internationalen Sozialismus orientierte, sondern nationalistische Züge trug. Sie hatte nicht zuletzt deshalb nacheinander drei Abspaltungen auf ihrem linken Flügel zu überstehen: 1923 die der Kommunisten, 1961 die der Sozialistischen Volkspartei (SF) und 1973 die des Arbeiterinformationskomitees (AIK), die ihr alle mit verschiedenen Akzentuierungen Verrat am Sozialismus vorwarfen.
Nachdem die seit 1935 regierende DNA verantwortlich für die praktisch unbewaffnete Neutralität gewesen war, die 1940 die Besetzung durch deutsche Truppen zumindest erleichtert hatte, setzte sie sich, nach dem Kriege weiterregierend, 1949 gegen den Widerstand ihres linken Flügels aus Gründen nationaler Sicherheit für den Beitritt zur NATO ein.
Danach verstärkte sich allerdings allmählich – weithin im Einklang mit den massiven Attacken der NKP – der Widerstand ihres linken Flügels gegen die außenpolitische Westorientierung der DNA-Regierung. Die Mitgliedschaft in der NATO und die Zusammenarbeit mit den USA wurden als Ausverkauf nationaler Interessen diffamiert. Eine wesentliche Stärkung erhielt die Parteilinke im innerparteilichen Kampf durch das für die DNA-Regierung und die Parteimehrheit knapp negativ ausgegangene Referendum zum EG-Beitritt 1972. Der linke Flügel konnte

1973 wieder die Aufnahme des alten Ziels der Errichtung einer „sozialistischen Gesellschaft" in das Parteiprogramm durchsetzen, das weit über die bereits praktizierte Verstaatlichungs-, Bankenkontroll- und wirtschaftsdirigistische Planungspolitik der DNA-Regierung hinausgeht. Auch die außen- und sicherheitspolitischen Programmziele der DNA wurden 1973 neu formuliert. Sie schränken die NATO-Mitgliedschaft Norwegens inhaltlich ein. Nunmehr soll innerhalb der NATO für Entspannung, Rüstungskontrolle und Abrüstung gearbeitet werden. Zudem sei die verteidigungspolitische Zusammenarbeit des Westens nicht als Dauerlösung für die norwegische Sicherheitspolitik zu betrachten. Gefordert wird auch das Verbot der Stationierung von NATO-Truppen und schweren Waffen.

Europapolitisch wird eine grundsätzliche Debatte in der DNA von der Linken seit 1972 systematisch abgewürgt. Dagegen werden aufwendige Unterstützungen für nationale Befreiungsbewegungen in der Dritten Welt gefordert.

Seither konnte der linkssozialistische Parteiflügel der DNA zusehends Schlüsselpositionen im Parteiapparat erobern. Am spektakulärsten war die Übernahme der größten Ortsgruppe der DNA, der Osloer, durch einen Parteilinken. Gegenwärtig findet innerhalb der Arbeiterpartei eine „leise Revolution" linkssozialistischer Ideologisierung statt. Sie erhält ihre besondere Dynamik durch den gleichzeitigen (seit dem 72er Referendum) ideologischen Aufschwung der vereinigten linkssozialistischen Parteien (SV) und der Kommunisten. Zu befürchten ist seither die verstärkte Rückkehr von radikal-sozialistischen Ideologen in ihre alte Partei, die nach links abdriftende DNA. Die Septemberwahlen von 1977 weisen in diese Richtung.

(2) Die Sozialistische Linkspartei (SV)

Sie lehnt Bindungen an den Westen und den Osten radikal ab und verficht eine ideologische Mischung aus Nationalismus, Sozialismus und Neutralismus. Damit kann sie gleichermaßen von der europäischen Wirtschaftsentwicklung verunsicherte Kleinbauern und Fischer wie Intellektuellenschichten ansprechen. Sie stellt gegenwärtig im Unterschied zur NKP eine ernstzunehmende sozialistische und zugleich nationalistische Alternative zur mehrheitlich noch dem Westen zugeneigten Arbeiterpartei dar, deren ideologische Entwicklung heute allerdings schwer absehbar geworden ist.

(3) Die Kommunistische Partei (NKP)

Ihr ausgeprägter Internationalismus und die strikte ideologische Unterordnung unter die Moskauer Führung machen sie für viele Norweger suspekt. Norwegen ist übersensibel in der Bewahrung ihrer erst 1905 (!) erlangten nationalen Unabhängigkeit – daher die Chancen einer nationalistisch-sozialistischen Politik.

Seit mehreren Jahren bemüht sich die NKP aus ihrer traditionellen Isolierung herauszukommen. Sie wirbt um eine Einheitsfront aller (auch gemäßigt) sozialistischen Kräfte vom linken Flügel der Arbeiterpartei bis zur Sozialistischen Linkspartei (SV) und dem AIK. Dazu war sie zeitweilig sogar zu gemäßigteren Formulierungen ihrer Ziele bereit. Ihre Einbeziehung in die fusionierte Sozialistische Linkspartei (SV) scheiterte nach langen Verhandlungen jedoch an ihrer ideologischen Orthodoxie.

(4) Zusammenfassend verläuft die Auseinandersetzung innerhalb des sozialistischen Parteienspektrums gleichzeitig entlang dreier Grenzlinien: einer westlichen, europäisch-supranationalen Orientierung (bislang DNA); dem östlich-kommunistischen Internationalismus der NKP und einer nationalistisch-sozialistischen (wachsender linker DNA-Flügel, Sozialistische Linkspartei).

Die Parlamentswahlen vom September 1977 brachten erneut einen Umschwung innerhalb des linken Parteienspektrums. Die Arbeiterpartei gewann unter ihrer neuen, radikalisierten Programmatik das Gros der Wähler zurück, die 1973 für den radikal anti-europäischen, nationalistisch-sozialistischen Kurs des linkssozialistischen Wahlbündnisses votiert hatten. Die Sozialistische Linkspartei fiel von 16 auf zwei Parlamentssitze ab, bleibt aber Koalitionspartner der Arbeiterpartei. Zusammen können sie mit 78 gegen 77 Sitze des bürgerlichen Bündnisses weiterregieren. Das Wahlergebnis dürfte das Gewicht des linkssozialistisch-nationalistischen und neutralistischen Flügels der Arbeiterpartei für die Bestimmung ihres Gesamtkurses weiter erheblich gestärkt haben. Ihre hauchdünne parlamentarische Mehrheit macht die Koalition zudem in gesteigertem Maße von der Sozialistischen Linkspartei abhängig. Einem Zusammenspiel zwischen ihrem linken Flügel und der SV haben die gemäßigten Kräfte der Arbeiterpartei, darunter der Ministerpräsident, dann wenig entgegenzusetzen.

3. Folgerungen

Möglichkeiten sozialistisch-kommunistischer Politik für Westeuropa

Vergleicht man die programmatischen Aussagen der untersuchten sozialistischen, sozialdemokratischen und kommunistischen Parteien zur Entwicklung der europäischen Integration, zur Beurteilung der NATO und zu ihren nationalen und supranationalen gesellschaft- und wirtschaftspolitischen Ordnungsvorstellungen, lassen sich bereichsweise erhebliche Übereinstimmungen feststellen. Diese gegenwärtige Tendenz zu programmatischen Angleichungen läßt sich vor allem für die Beurteilung und Zielformulierung in den Bereichen der *internationalen und Sicherheitspolitik* beobachten. Dazu haben nicht zuletzt die jüngsten ideologischen Radikalisierungen der nordeuropäischen Sozialdemokratischen und Arbeiterparteien beigetragen, die damit zunehmend auf radikalsozialistische und eurokommunistische Positionen einschwenkten. Die linken Flügel der skandinavischen Sozialisten setzten vor allem in der außenpolitischen Programmatik einen dogmatisch neutralistischen und mit einseitiger Abrüstung verbundenen pazifistischen Kurs „zwischen den Blöcken" durch, der oft mehr oder minder ausgeprägt auf antiamerikanischen und z. T. antideutschen Ressentiments beruht. Dabei werden „antikapitalistische" marxistische Analyseansätze auf die Felder der internationalen und Sicherheitspolitik übertragen. Demgemäß werden die NATO und die Europäische Gemeinschaft in ihrer gegenwärtigen Form als Instrumente zur Aufrechterhaltung des internationalen Kapitalismus und des amerikanischen Imperialismus betrachtet. Die NATO wird von fast allen sozialistischen und kommunistischen Parteien grundsätzlich, z. T. verklausuliert, abgelehnt bzw. wird der Austritt gefordert. US-Stützpunkte in den verschiedenen Ländern werden uneingeschränkt verurteilt. Die skandinavischen Sozialisten wollen die NATO nurmehr als Vehikel der Entspannung zwischen Ost und West akzeptieren. Fast durchgängig wird eine wesentliche Verringerung der Verteidigungslasten gefordert. An ihrer Stelle wird häufig die Forderung aufgestellt, die nationalen Unabhängigkeitsbewegungen in der Dritten Welt finanziell erheblich stärker zu unterstützen. Die Neutralismus-Idee der Sozialisten und Eurokommunisten verbindet sich im Hinblick auf die internationalen Beziehungen mehrfach mit nationalistischen und z. T. autonomistischen Elementen (so in Norwegen, Großbritannien, Frankreich und Griechenland).

Die nationalen Ordnungsvorstellungen orientieren sich durchweg an sozialistischen Modellen. Die anvisierten Ausmaße der Aufhebung bürgerlich-pluralistischer Freiheiten, der sozialistischen „Demokratisierung", der kollektiven Verplanung und der Verstaatlichung von Wirtschaft und Gesellschaft, der Beseitigung des Privateigentums an Boden, Wohnbesitz und Produktionsmitteln, der Begrenzung und Egalisierung der Einkommen; letztlich die Ausweitung der bürokratischen Herrschaft über alle Lebensbereiche, variieren dabei erheblich, soweit sie überhaupt detaillierter ausformuliert werden.
Am geringsten sind sozialistische Radikalismen gegenwärtig bei der Mehrheit der französischen Sozialisten ausgeprägt, was allerdings vor den Wahlen taktischer Natur sein kann, während andere sozialistische Parteien (wie die Spaniens oder Griechenlands) die programmatisch zurückhaltenden Eurokommunisten häufig an theoretischer und verbaler Radikalität übertreffen und den orthodoxen kommunistischen Parteien (wie der griechischen KP-Ausland oder der dänischen KP) nicht nachstehen.

Die Ablehnung liberal-demokratischer, „kapitalistischer" Ordnungsprinzipien und die vage anvisierten Modelle eines nationalen Sozialismus bestimmen auch das Verhältnis von Sozialisten und Kommunisten zur europäischen Integration. Soweit nicht jegliche Mitgliedschaft in der Europäischen Gemeinschaft abgelehnt wird (wie von den griechischen Sozialisten und den linken Flügeln der britischen Labour-Party und der norwegischen Arbeiterpartei) soll an der europäischen Integration nur soweit mitgewirkt werden, wie diese den nationalen und internationalen „Sozialismus" fördert. Generell gilt das Prinzip: ein vereintes Europa muß ein in irgendeiner Form sozialistisches sein, darf jedenfalls nicht in der westlichen Tradition freiheitlich-pluralistischer Demokratie und einer liberalen Wirtschafts- und Sozialordnung fortbestehen.

Dieser summarische Überblick kann nur sehr grob sein, und mit der Vergröberung auf wesentliche begriffliche Positionen steigen naturgemäß die programmatischen Übereinstimmungen zwischen den verschiedenen sozialistischen und kommunistischen Parteien. Dadurch wird man vor

allem den gegenwärtig doch sehr verschiedenen nationalen politisch-sozialen und ökonomischen Ordnungsideen nicht gerecht. Dennoch wird im sozialistischen Lager bis hin zur griechischen PASOK dafür durchweg ein „demokratischer Sozialismus" in Anspruch genommen. Hier zeigt sich, wie sehr „demokratischer Sozialismus" ein Begriff der Verschleierung wesentlicher ordnungspolitischer Unterschiede geworden, wie untauglich er für die differenzierende Kennzeichnung politischer Konzeptionen ist.
Die Eurokommunisten stülpen dem Demokratiebegriff die Marx'sche Ideologie über. Historisch erscheint die Demokratie dann als Vorform zum Sozialismus; inhaltlich umfunktioniert schließlich löst „Demokratie" sich im marxistischen „Sozialismus" auf. Eurokommunistische Parteien verwenden demgemäß „Demokratie" und „Sozialismus" als austauschbare marxistische Zielbegriffe und konzentrieren ihre Aussagen auf den Weg dorthin.

Immerhin ist auch in den Bereichen der *inneren Politik* zumindest ein punktuelles und kurz- bis mittelfristiges Zusammengehen sozialistischer und kommunistischer Parteien im Europäischen Parlament möglich und naheliegend, solange es nicht um letzte Ordnungsvorstellungen, sondern nur um die schrittweise Beseitigung der überkommenen geht. „Antikapitalismus" und „Demokratisierung" könnten die gemeinsamen Nenner heißen. Dazu könnten in der Wirtschafts- und Gesellschaftspolitik gehören: Investitionslenkung, zentrale Wirtschafts- und Konsumplanung, fortschreitende Verstaatlichung von Wirtschaftszweigen, Lohn- und Preisfestsetzungen, Begrenzung und Einebnung der Einkommen, Beschneidung des Privateigentums, staatliche Übernahme von privaten sozialen, karikativen und Bildungseinrichtungen, Ausdehnung von Einheitszwangsversicherungssystemen, um nur wenige denkbare Maßnahmen zu nennen, mit denen die Initiative und der Leistungswille der Menschen zu wirtschaftlichen, sozialen und kulturellen Aktionen erstickt und die staatliche Herrschaft ausgebaut werden kann.

Jede Beurteilung der Durchsetzungschancen sozialistischer und kommunistischer Innenpolitik muß insbesondere in den Südländern die Gewerkschaften berücksichtigen, die ausgeprägt *Partei-Gewerkschaften* sind. In Frankreich, Spanien und Italien sind die größten Gewerkschaften jeweils eng mit den KP's, in Griechenland mit der PASOK verzahnt; im übrigen sind die bedeutenderen Gewerkschaftsorganisationen in aller Regel den Sozialisten zugeordnet. Einerseits sind gewerkschaftlich organisierte massenhafte Mobilisierungen der Bevölkerung und sind Generalstreiks als Mittel für parteipolitische Ziele gebräuchlich, andererseits können die Gewerkschaftsorganisationen zur Radikalisierung ihrer Parteien wesentlich beitragen. Mit dem Fortschreiten der europäischen Integration könnte sich diese Problematik, von der die Bundesrepublik mit ihrer Einheitsgewerkschaft bisher weitgehend verschont blieb, mittels internationaler solidarischer Aktionen zunehmend internationalisieren.

Außenpolitisch ist das Maß grundsätzlicher Übereinstimmungen innerhalb des sozialistischen Lagers und mit den großen kommunistischen, den eurokommunistischen Parteien also wesentlich breiter geworden. Das bedeutet zunächst für die Sozialistische Internationale, daß ihre politische Homogenisierung vor allem außenpolitisch fortschreitet und darüber hinaus, daß erfolgversprechende Volksfrontbündnisse auf westeuropäischer Ebene längerfristig wohl am ehesten für eine Politik der Abrüstung und der politisch-militärischen Neutralisierung „zwischen den Blöcken" zustande kommen könnten. Eine solche Politik hätte günstige Durchsetzungschancen. Sie könnte weithin auf publizistische Unterstützung verschiedenster Herkunft rechnen und auf die unreflektierte, spontane moralische Zustimmung breiter Bevölkerungsschichten spekulieren; auf diese Zustimmung um so eher, als die Frage nach den *innenpolitischen Konsequenzen* einer Neutralisierung, also die Fragen nach der dann nurmehr möglichen bzw. erlaubten Organisation des Staates, der Wirtschaft und Gesellschaft von dieser Politik – sei es aus Naivität oder aus Perfidie – nicht mehr gestellt werden. Die Auslieferung der zweitstärksten Industriemacht der Welt an einen militärisch übermächtigen und dabei ideologisch ebenso starrgläubigen wie expansiven, wirtschaftlich desorganisierten und unterentwickelten Nachbarn mit totalitärer Herrschaftsweise ermöglicht diesem einen politischen Druck, durch den sich die Frage nach den innenpolitischen Folgen dann auch widerstandslos fast von selbst beantwortet.

Die Geschichte der politischen Freiheit und der Entwicklung des westlichen Verfassungsstaates ist stets die Geschichte ihres aktiven und opferbereiten Widerstandes, im 19. Jahrhundert zunächst gegen den monarchischen Absolutismus, seit dem Beginn des 20. Jahrhunderts gegen ideologisch-totalitäre Herrschaftsformen gewesen. Und es gibt keinen Anlaß zu glauben, daß die totalitären Bedrohungen der Freiheit von rechts und links inzwischen geringer geworden sind.

II. Materialien

1. Resolutionen der Sozialistischen Internationale und gemeinsame Erklärungen eurokommunistischer Parteien in Auszügen

Resolutionen des 13. Kongresses der Sozialistischen Internationale in Genf vom 26. bis zum 28. November 1976

Resolution zur politischen Lage
Betrifft: Gerechtigkeit – Freiheit und Demokratie – Frieden – Entspannung – KSZE – Abrüstung – Vereinte Nationen – Naher Osten – südliches Afrika – Menschenrechte – Terrorismus.

I. Einleitung

Gerechtigkeit, Demokratie, Frieden und Gleichberechtigung in den internationalen Beziehungen sind die Grundprinzipien, die das Handeln von Sozialisten in der ganzen Welt bestimmen.

Die gegenwärtige Krise und internationale Spannungen verstärken ihre Verpflichtung, einen neuen kämpferischen, offeneren und authentischeren Internationalismus anzustreben, in dem der Sozialismus sich frei entfalten kann.

Die Krise des Weltkapitalismus, ihre Folgen für die Arbeiterklasse und die Spannungen, die sich daraus in den internationalen Beziehungen ergeben, zeigen alle deutlich, daß der Sozialismus – Vorbote von Hoffnung und Gerechtigkeit für alle Völker – die einzige Alternative zu politischen Systemen ist, die Konflikt, Unordnung und Ungerechtigkeit hervorbringen.

In einer Welt, die weiterhin von der Machtpolitik von Blöcken bestimmt wird, die sowohl Rivalen als auch Komplizen sind, müssen die in der Sozialistischen Internationale vereinigten Kräfte und all jene, die sich ihnen möglicherweise anschließen, mit einer anderen Alternative auf den Plan treten.

Mehr Gerechtigkeit für die Menschheit

Wir streben nach mehr Gerechtigkeit innerhalb der Grenzen eines jeden Landes und in den Beziehungen zwischen den Völkern sowie insbesondere zwischen den reichen und den armen Ländern. Zusammenarbeit zwischen den sozialistischen Parteien und die fortschreitende Harmonisierung ihrer Entwicklungspolitik auf der Grundlage der Achtung von Souveränität, Unabhängigkeit und Würde der Nationen bedeuten in der heutigen Zeit einen wichtigen Beitrag zum Weltfrieden und zum Beweis der universalen Natur des Sozialismus.

Mehr Freiheit und Demokratie

Ohne Demokratie gibt es keinen Sozialismus, und ohne Sozialismus gibt es keine Demokratie.

Da der Sozialismus dem Menschen gegenüber der Unterdrückung und Aggression durch Kapitalismus und Kommunismus zu seinem wahren Selbst verhilft, ist er der einzige Sammelpunkt für alle unterdrückten Völker, für all jene, die für die Achtung von Freiheit und gesellschaftlichem Fortschritt und für die volle Verantwortung des einzelnen in der Gesellschaft kämpfen. Das Handeln der internationalen sozialistischen Gemeinschaft richtet sich daher ganz natürlich darauf, Freiheitsbeeinträchtigungen, wann und wo immer sie in Erscheinung treten, bloßzustellen durch die Solidarität im Kampf aller Bewegungen, die für Selbstbestimmung und gesellschaftliche Befreiung kämpfen, sowie darauf, daß eine Politik durchgesetzt wird, die die Selbstverwirklichung des einzelnen in einer menschlicheren, gerechteren und freieren – in einem Wort, sozialistischen – Gesellschaft fördert.

Mehr Frieden

Schließlich ist Frieden für die Erreichung der allgemeinen Ziele des Sozialismus unabdingbar. Hauptziel des internationalen Sozialismus ist es, Kooperation zwischen Völkern an die Stelle von Konfrontation zwischen Staaten zu setzen. In diesem Geiste können die sozialistischen Parteien und die vielen Millionen der unter ihren Fahnen vereinigten Männer und Frauen den Gang der Ereignisse beeinflussen, wo immer in der Welt das Schicksal der Menschheit gestaltet wird.

II. Internationale Entspannung und Zusammenarbeit

Frieden ist ein ständiger Schöpfungsprozeß. Sozialisten, die überall in der Welt aktiv zum Fortschritt der Entspannung beigetragen haben, sind der Ansicht, daß diese noch weiter ausgedehnt, verstärkt und abgesichert werden kann und soll. Jede Bemühung wird auf dieses ständige Ziel gerichtet sein. Die Sozialistische Internationale ruft daher alle Mitgliedsparteien auf, mit gutem Beispiel im Dialog zwischen allen Nationen auf der Grundlage gleicher Rechte und Pflichten und der Achtung der Eigenständigkeit und Souveränität der Staaten voranzugehen.

Obwohl die Sozialistische Internationale nicht bestreitet, daß der Fortschritt der Entspannung nur durch die wirkungsvolle Beteiligung der zwei Supermächte erreicht und aufrechterhalten wird, weigert sie sich doch, eine Teilung der Welt in zwei unbewegliche und entgegengesetzte Blöcke, die Spannung erzeugen und das Risiko gefährlicher Konfrontation bedeuten, als einen dauernden Tatbestand der internationalen Beziehungen anzuerkennen.

Ihrer Ansicht nach muß die Ausweitung der Entspannung zu größerer Zusammenarbeit zwischen den Nationen führen; dadurch sollen fortschreitend die Konfliktursachen und Anlässe für Interventionen seitens der Großmächte in Bereichen verringert werden, die die Souveränität und Unabhängigkeit von Staaten beeinträchtigen.

Entspannung ist in der Tat ein anhaltender Fortschritt, der sich sowohl in bilateralen als auch in multilateralen Verhandlungen bemerkbar machen muß. Die derzeitigen Verhandlungen über die Verringerung von Streitkräften müssen für dieses Unternehmen von erster Priorität sein. Einmal erzielte Vereinbarungen müssen durchgeführt und aufrechterhalten werden durch die schrittweise Einrichtung eines internationalen Systems der Krisenkontrolle.

III. Die KSZE

...

IV. Internationale Abrüstung und Sicherheit

Abrüstung und Steuerung von Rüstung und Waffenhandel sind im Hinblick auf die Eskala-

tion im Rüstungswettlauf und die Verschlechterung in der Wirtschaftslage der Mehrheit der Länder für die ganze Welt von lebenswichtiger Bedeutung.
Die Sozialistische Internationale fordert eine sofortige Einstellung der Verbreitung nuklearen Potentials durch die Kontrolle nuklearer Waffen, Kontrollen für den Export und Import von spaltbarem Material und diesbezüglicher Technologie, ein Verbot von Kernwaffenversuchen und die Schaffung kernwaffenfreier Zonen.
Sie hält außerdem erheblichen Fortschritt im Prozeß der kooperativen Rüstungssteuerung durch Abkommen über ein Verbot von chemischer und bakteriologischer Kriegführung sowie von Waffen, die die Umwelt zerstören, für möglich.
Für die Sozialistische Internationale ist das letzte Ziel auch weiterhin die allgemeine Abrüstung. Sie fordert alle Regierungen auf, geeignete Schritte zu unternehmen, um dieses große humanitäre Unterfangen mit wirklichem Inhalt auszufüllen.
In der bestehenden Situation kann eine dauerhafte Sicherheit für die Welt nicht nur durch ein Gleichgewicht zwischen den Machtblöcken auf der Basis anerkannter Einflußzonen erreicht werden.
Sie kann auch nicht zustandekommen durch ein von den Supermächten allein ausgehandeltes Gleichgewicht. Erst recht kann sie nicht das Ergebnis einseitigen Abrüstens oder Disengagements sein. Keine dieser Formeln kann die Sicherheit der Nationen angemessen garantieren; im Gegenteil, sie laufen Gefahr, zu einem gefährlichen Ungleichgewicht im Herzen Europas zu führen, indem sie die kleineren europäischen Mächte einem unerträglichen Druck aussetzen...

V. Die Vereinten Nationen

...

VI. Eine noch immer bedrohte Welt

...

VII. Sozialismus und Menschrechte

Von ihren Prinzipien her der Verteidigung der grundlegenden Rechte des einzelnen treu, betrachtet die Sozialistische Internationale nur den demokratischen Sozialismus als fähig, den größten Zielsetzungen der Menschheit gerecht zu werden.
Nur der demokratische Sozialismus kann die Menschenrechte schützen und garantieren und die Folgeerscheinungen des Kolonialismus, die Schande der Apartheid sowie das Überleben von Rassismus und Rassendiskriminierung lindern helfen.
Die internationale sozialistische Bewegung weist jede Form der Diskriminierung, sei es auf der Grundlage von Geschlecht, Glaubensbekenntnis oder Rasse, als im Widerspruch zu ihrer Natur und ihren Idealen zurück.
Sie weist besonders das Fortbestehen von Aspekten politischer und wirtschaftlicher Herrschaft zurück, die in zu vielen Ländern noch immer den Status der Frauen beeinträchtigt und ihre echte Emanzipation verhindert.
Die Sozialistische Internationale verurteilt schließlich den Terrorismus als Mittel der politischen Aktion in allen seinen Formen, ob er von Regierungen oder politischen Bewegungen angewandt wird. Terrorismus hat nie gesellschaftliche oder wirtschaftliche Konflikte gelöst; er fügt nur der Ungerechtigkeit sinnlose Gewalttätigkeit hinzu.
In der Welt von heute stellen Kapitalismus und Kommunismus weiterhin die Hauptformen der Unterdrückung in der modernen Gesellschaft dar, indem sie sowohl demokratische Rechte und bürgerliche Freiheiten dem Profitstreben und der Erhaltung der Interessen der

herrschenden Klasse opfern als auch der Erhaltung der Privilegien einer allmächtigen Bürokratie dienen.
Für jene Völker, die ihre Unabhängigkeit zu erreichen oder zu festigen suchen, für jene, die für ihre Freiheit, die Achtung ihrer Grundrechte, ein Ende der Ungerechtigkeit und eine Beendigung von Entfremdung jeglicher Art kämpfen, kann die einzige Alternative zu Kapitalismus und Kommunismus nur sein – Sozialismus.

Resolution über die internationale Wirtschaftssolidarität
Betrifft: Unterschiedlicher Lebensstandard – Grundbedürfnisse der Menschen – Begriff der Entwicklung – Naturschätze und Umwelt – Finanztransfers – Umverteilung von Reichtum und Einkommen – neue Weltwirtschaftsordnung – Naturschätze in Gemeinschaftsbesitz – Wissenschaft und Technologie – Zusammenspiel von internationaler und nationaler Politik.

Es ist ein furchtbares Versagen des kapitalistischen Systems der nicht geplanten freien Marktwirtschaft, das den größten Teil der Welt beherrscht, keine harmonischen Lösungen für die wirtschaftlichen Beziehungen zwischen den Staaten oder einen angemessenen Lebensstandard für mehr als eine Minderheit der Menschheit geschaffen zu haben. Das Ergebnis ist ein Zustand, in dem der Mechanismus von Austausch, Verteilung und Verbrauch sich viel zu langsam entwickelt hat, um mit dem schnellen Fortschritt bei Produktionsmitteln und -technologie Schritt halten zu können. Die Folge ist, daß zwischen den Staaten wie auch innerhalb eines jeden Staates schwere und unannehmbare Disparitäten im Lebensstandard bestehen: Weltweit sind wir Zeugen des obszönen Schauspiels von Armut inmitten des Überflusses, wobei Millionen von Produzierenden keine Arbeit finden können, um das herzustellen, was Hunderte von Millionen von Verbrauchern verzweifelt haben möchten, aber keine Hoffnung haben zu erhalten. Dies ist nicht nur ein Zustand von wirtschaftlichem Anarchismus und Ungerechtigkeit, sondern die neidischen Blicke, die die Darbenden der südlichen Hemisphäre auf den Überfluß der nördlichen Hemisphäre werfen, sind zudem eine stets gegenwärtige Gefahr für die Stabilität und den Frieden der Welt.
Das offensichtliche Versagen des internationalen Kapitalismus deutet auf die Notwendigkeit eines völlig neuen Zugangs zu internationalen Wirtschaftsproblemen hin; und dieser völlig neue Zugang, losgelöst von veralteten und diskreditierten Weisen der Vergangenheit, kann nur und muß ein sozialistischer Weg sein.
1. Das Ziel von Entwicklung muß sein, die grundlegenden Bedürfnisse aller Menschen zu stillen. Diese grundlegenden Bedürfnisse umfassen u. a. Nahrung, Wohnung, Kleidung, Gesundheit, Erziehung und Arbeit.
2. Ein Wachstumsprozeß, der nur den reichsten Minoritäten nützt und die Ungleichheiten zwischen den Ländern und innerhalb der Länder verstärkt oder auch nur aufrechterhält, kann nicht akzeptiert werden.
3. Es steht außer Frage, daß der Begriff der Entwicklung in ihrem umfassenden Sinn nicht auf die Befriedigung von Grundbedürfnissen allein beschränkt ist. Entwicklung beinhaltet auch die Verwirklichung von grundlegenden nichtmateriellen Zielen, wie etwa Meinungsfreiheit, Glaubensfreiheit und Freiheit für jeden einzelnen, zur Gestaltung seiner eigenen Zukunft und der seiner Kinder innerhalb seiner eigenen Gesellschaft beizutragen.
4. Trotzdem sind die materiellen Grundbedürfnisse eine Voraussetzung, die zuerst erfüllt sein muß, damit der Mensch in die Lage versetzt wird, aus Freiheit und Werten im geistigen Bereich Freude und Nutzen zu ziehen. Die Befriedigung materieller Grundbedürfnisse in allen Schichten der Menschheit kann nur durch radikales und tatkräftiges nationales und in-

ternationales Handeln erreicht werden, das auf einem neuen Gefühl der Solidarität überall in der menschlichen Gesellschaft basiert und von ihm inspiriert wird.
5. Dies Gefühl der Solidarität muß sich auch auf zukünftige Generationen erstrecken. Folglich müssen Entwicklungsstrategien in einer Weise entwickelt und verfolgt werden, daß die Reichtümer unseres Planeten und die Umwelt nicht zerstört werden.
6. Das neue Drängen zur wirtschaftlichen Solidarität muß seinen praktischen Niederschlag in allen Bereichen menschlichen Unternehmens finden und die Wirtschaftsbeziehungen sowohl zwischen als auch innerhalb von Nationen bestimmen...
11. Um die verschiedenen Aufgaben, die die neue Weltwirtschaftsordnung uns stellen wird, erfüllen zu können, und um die bestehenden, durch Arbeitslosigkeit, Stagnation und steigende Preise geschaffenen Wirtschaftsprobleme zu lösen, müssen die Industrieländer darauf vorbereitet sein, direkt und wirkungsvoll in wirtschaftliche Vorgänge einzugreifen. Die folgenden Maßnahmen werden erforderlich sein:
volle Nutzung von Produktionsmitteln zusammen mit einer Investitions-, Kredit-, Gewinn-, Preis- und Einkommenspolitik, die die Inflation dämpfen und nicht zu rechtfertigendeUngleichheiten bei Reichtum und Einkommen zwischen verschiedenen Gesellschaftsschichten beseitigen soll;
die Verteilung wirtschaftlicher Macht in der ganzen Gesellschaft und die Entwicklung demokratischer Abläufe am Arbeitsplatz;
verbesserte Methoden der Kontrolle von Kapitalbewegungen und grenzüberschreitenden Transaktionen durch multinationale Gesellschaften;
weitreichende Regierungsintervention in Wirtschaftsunternehmen durch Inbesitznahme oder Kontrolle durch die öffentliche Hand, um bei gleichzeitiger Erhaltung der Vollbeschäftigung bessere Möglichkeiten für zunehmende Importe von Industriegütern aus Entwicklungsländern zu sichern;
Zusammenarbeit zwischen Ländern, um den Handelsverkehr zu erleichtern, eine gesunde Wirtschaftsentwicklung zu gewähren und Handelsbilanzdefizite für Länder, die in besonderen Schwierigkeiten stecken, zu finanzieren; und
der Transfer von Technologie und Know-how von entwickelten Ländern an Entwicklungsländer.
12. Ein wichtiger Teil einer Politik weltweiter Solidarität muß die Nutzung der Reichtümer der Natur und der Umwelt sein. Daher müssen internationale Regelungen für die Nutzung von Naturschätzen außerhalb nationaler Jurisdiktion getroffen werden, die Gemeinschaftsbesitz sind. Dies gilt besonders für die umfangreichen Reichtümer des Meeres und des Meeresgrundes. Die grundlegenden Zielsetzungen einer gemeinschaftlichen Nutzung von Naturschätzen muß eine gerechte und unvoreingenommene Verteilung dieser Reichtümer durch eine Politik sein, die das Gleichgewicht der Natur bewahrt und aus der Solidarität mit kommenden Generationen lebt.
13. Im Einklang mit einer Politik der Solidarität sollte kein Staat seinen aus verschiedenen Naturreichtümern stammenden Wohlstand als ein Mittel politischen oder wirtschaftlichen Drucks gegenüber anderen Staaten einsetzen. Alle Staaten sollten sich im Gegenteil stark darum bemühen, internationale Vereinbarungen zu treffen, die eine ausgewogene Zuteilung von Naturreichtümern zum Nutzen der ganzen Menschheit sicherstellen.
14. Der Grundsatz der Solidarität muß sich auf die Bereiche von Wissenschaft und Technologie erstrecken, die ebenfalls in größerem Umfang auf die Befriedigung der Grundbedürfnisse aller Menschen ausgerichtet sein müssen.
15. Angesichts der Größe und Komplexität der Aufgabe wird eine internationale Aktion für gerechtere und ausgeglichenere Beziehungen in der Welt jedoch nicht schon an sich erfolg-

reich sein, es sei denn, sie wird durch nationale politische Strategien in jedem Staat ergänzt. Nur durch das Zusammenspiel nationaler und internationaler Politik, ausgerichtet am vorrangigen Ziel einer Entwicklung für alle und begründet in einem tiefen Gefühl der Solidarität, und in Zusammenarbeit mit der Natur und den kommenden Generationen können Frieden und Gerechtigkeit gesichert und eine Zukunft für die Menschheit geplant werden.

16. Deshalb sollten alle Regierungen und Parteien der Sozialistischen Internationale es sich zur Hauptaufgabe machen, die Politik dieser Erklärung auszuführen.

VIII. Resolution zu Lateinamerika

...

(Quelle: SI News (Socialist International, London), Vol. VIII, No. 1, 24. 1. 1977)

Gemeinsame Erklärung der kommunistischen Parteien Italiens und Spaniens vom 12. Juli 1975 in Rom

In einem Augenblick, wo der Niedergang der faschistischen Diktaturen in Portugal und Griechenland und die quälende Krise, von der das Franco-Regime in Spanien ergriffen ist, die konkrete Möglichkeit ergeben haben, Europa zu einem Kontinent ohne faschistische Regime zu machen und wo auch für Spanien Aussicht auf Demokratie und Freiheit entstanden ist, besteht für die Arbeiterklasse und alle demokratischen Kräfte unter den neuen Bedingungen, die durch die Fortschritte, welche im Prozeß der internationalen Entspannung entstanden sind, sowohl auf nationaler wie auf westeuropäischer Ebene die dringende Notwendigkeit, neue Orientierungen aufzuzeigen, die ein Zusammengehen aller demokratischen Kräfte für eine Politik der demokratischen und sozialistischen Erneuerung und einen positiven Weg aus der tiefen Krise, in der die kapitalistischen Länder Europas stecken, begünstigen.

Diese Krise offenbart die Unfähigkeit des Kapitalismus, die allgemeinen Bedürfnisse der gesellschaftlichen Entwicklung zu befriedigen, die Probleme zu lösen, denen sie konfrontiert ist, und in allen Bereichen jene tiefgreifenden strukturellen Reformen einzuleiten, die allein eine fortschrittliche Entwicklung der Staaten sicherstellen können. Die Krise verschärft zunehmend den Konflikt zwischen einer Politik, die durch die Monopole und multinationalen Konzerne erzwungen wird und der Notwendigkeit, positive Antworten auf die Bedürfnisse der breiten Massen der Bevölkerung nach Freiheit, Partizipation und wirtschaftlichem, sozialem und kulturellem Fortschritt zu finden.

Es ist notwendig und möglich, einen positiven Weg aus dieser Krise zu finden, indem man die breiteste Übereinstimmung zwischen den Kräften entwickelt, mit denen sich die Arbeiterklasse und die demokratische Bewegung auf dem Kontinent heute identifizieren. Dies ist auch unerläßlich, um die Angriffe bestimmter kapitalistischer Gruppen zu vereiteln, die Krise einem offen reaktionären, autoritären Ergebnis entgegen zu steuern.

Im Bewußtsein dieser Verantwortung und von dem Willen beseelt, alles was möglich ist zu tun, um ein solches Zusammengehen und eine solche Übereinstimmung zu verwirklichen, erklären die italienischen und spanischen Kommunisten nachdrücklich, daß ihr Verständnis des demokratischen Fortschritts zum Sozialismus in Frieden und Freiheit keine taktische Einstellung ist, sondern eine strategische Überzeugung, die sich aus der Reflexion der Erfahrungen der Arbeiterbewegung insgesamt und den spezifischen historischen Gegebenheiten ihrer Länder in der gegenwärtigen Situation Westeuropas ergibt.
Die gemeinsame Aufgabe, vor der die Kommunisten und alle demokratischen Kräfte stehen, liegt darin, für die Lösung der Probleme, die sich der breiten Masse der Bevölkerung und der Gesellschaft insgesamt stellen, auf eine Weise zu arbeiten, die den sozialen Bedürfnissen und den menschlichen Werten der Freiheit, Gerechtigkeit und Zivilisation, die der Kapitalismus zunehmend opfert und einschränkt, reale Befriedigung verschafft.
Die Aussicht auf eine sozialistische Gesellschaft entsteht heute aus der Wirklichkeit der Dinge und hat ihre Voraussetzung in der Überzeugung, daß der Sozialismus in unseren Ländern nur durch den vollen Einsatz und die Verwirklichung der Demokratie aufgebaut werden kann. Dem zugrunde liegt die volle Anerkennung der Werte der individuellen und kollektiven Freiheiten und ihrer Garantie, den Prinzipien des laizistischen Wesens des Staates und seiner demokratischen Organisation, der Pluralität politischer Parteien in einem System freier Dialektik, der Autonomie der Gewerkschaften, der Freiheit des Glaubens, der Redefreiheit und der kulturellen, künstlerischen und Wissenschaftsfreiheit.
Im Bereich der Wirtschaft muß eine sozialistische Lösung durch eine Politik demokratischer Planung, die sich das Nebeneinander verschiedener Unternehmensformen und des öffentlichen und privaten Managements zunutze macht, für ein hohes Niveau der produktiven Entwicklung sorgen. ...
... Der Fortschritt in der internationalen Entspannung – der in der Konferenz für Sicherheit und Zusammenarbeit in Europa bald erneut seinen Ausdruck findet und für deren Zustandekommen das Treffen zwischen der friedensorientierten Außenpolitik der Sowjetunion und der anderen sozialistischen Staaten und die neuen realistischen Trends, die sich in den Hauptstädten Europas gezeigt haben, grundlegende Faktoren waren – beseitigt alte Hindernisse und Erschwernisse auf diesem Weg.
Das Problem besteht darin, alle neuen Möglichkeiten zu ergreifen und sicherzustellen, daß die westeuropäischen Staaten und Westeuropa als Ganzes befähigt werden, ihren eigenen originären Beitrag zum Aufbau einer internationalen Gesellschaft zu leisten, die auf dem Respekt vor dem Recht eines jeden Volkes, sich den Weg seiner eigenen Zukunft frei zu wählen, die auf der Beseitigung von Ungleichheiten, auf Gerechtigkeit, Fortschritt und Frieden beruht. Eine neue Politik für Westeuropa, begründet auf Freundschaft und Zusammenarbeit mit allen Ländern der Welt, angefangen bei den USA und der Sowjetunion auf der Grundlage von Gleichheit und mit neuen Beziehungen zu den Entwicklungsländern kann einen unersetzlichen Beitrag zu der Verwirklichung dieser großen Ziele leisten...

(Quelle: The Italien Communist, Auslandsbulletin der kommunistischen Partei Italiens, Nr. 4, Juni/August 1975)

Gemeinsame Erklärung der KPI und KPF vom 15. November 1975 in Rom

Am 29. September fanden in Paris und am 15. November in Rom Gespräche statt zwischen den Genossen Georges Marchais, Generalsekretär der KPF, und Enrico Berlinguer, Generalsekretär der KPI. Daran nahmen teil von der KPF die Genossen Gustave Ansart und Jean Kanapa vom Politbüro sowie Charles Fiterman vom ZK, und von der KPI die Genossen Gian Carlo Pajetta, Mitglied des Parteivorstandes und des Sekretariats, Piero Pieralli, Mitglied des Sekretariats, sowie Lina Fibbi und Luciano Gruppi vom ZK. Im Anschluß an die Gespräche wurde die folgende gemeinsame Erklärung verabschiedet.

Die Lage in Frankreich und Italien ist gekennzeichnet durch eine Verschärfung der Krise, die sämtliche Bereiche des wirtschaftlichen, sozialen, politischen, moralischen und kulturellen Lebens erfaßt.

In wirtschaftlicher Hinsicht wälzt diese Krise – ein unlösbarer Bestandteil der Krise, die das gesamte kapitalistische System erfaßt und die sich weltweit auf alle Wirtschaftsbeziehungen auswirkt – ihre schwerwiegenden Folgen auf die Arbeiter und auf die Volksmassen ab: Diese werden von der Arbeitslosigkeit und von den Preissteigerungen in Mitleidenschaft gezogen, die Landwirtschaft, das Handwerk und die Klein- und Mittelindustrie kämpfen unter beträchtlichen Schwierigkeiten um ihre Existenz.

Die Institutionen des bürgerlichen Lebens stehen vor immer größeren Problemen, die politische Krise vertieft sich, Degenerationserscheinungen wirken sich auf die sozialen und moralischen Beziehungen aus. Diese Krise zeugt von der Unfähigkeit des kapitalistischen Systems, die Produktivkräfte einschließlich Wissenschaften und Technik zu entwickeln, das Recht auf Arbeit zu gewährleisten, die Lebensqualität zu erhöhen, die Kultur zur Entfaltung zu bringen und alle menschlichen Werte zu bestätigen. In beiden Ländern – wie übrigens in unterschiedlichen Formen auch in anderen Ländern Westeuropas – droht die Gefahr, daß die Gesellschaft insgesamt schwerwiegende Rückschläge erleidet.

Die Kräfte des Großkapitals und des Imperialismus wollen aus dieser Situation Nutzen ziehen, um die wirtschaftlichen, sozialen und politischen Errungenschaften der Arbeiter und des Volkes infrage zu stellen. Doch die Arbeiterklasse und die Volksmassen können durch ihren Kampf diese Versuche zum Scheitern verurteilen, neue Errungenschaften erkämpfen und den Weg für den weiteren sozialen und demokratischen Fortschritt ebnen.

Zu diesem Zweck kämpfen KPI und KPF einmal für die unmittelbaren Interessen der Arbeiter; gleichzeitig setzen sie sich für eine Politik tiefgreifender demokratischer Reformen ein, durch die die schweren wirtschaftlichen, sozialen und politischen Probleme ihrer Länder gelöst werden können. Mehr denn je ergibt sich aus der gegenwärtigen Krise für Frankreich und Italien die Notwendigkeit, die Demokratie zur Entfaltung zu bringen und sie in Richtung auf den Sozialismus fortzuentwickeln.

Beide Parteien führen ihre Aktionen unter unterschiedlichen konkreten Bedingungen durch, und deshalb treibt jede von ihnen eine Politik, die den Notwendigkeiten und den Besonderheiten des eigenen Landes entspricht. Da sie indessen in Ländern des entwickelten Kapitalismus kämpfen, stellen sie gleichzeitig fest, daß die vor ihnen liegenden wichtigen Probleme gemeinsame Merkmale aufweisen und analoge Lösungen erfordern. Die italienischen und französischen Kommunisten sind der Ansicht, daß der Weg zum Sozialismus und der Aufbau der sozialistischen Gesellschaft, die sie ihren Ländern als Perspektive anbieten, im Rahmen einer fortlaufenden Demokratisierung des wirtschaftlichen, sozialen und politischen Lebens verwirklicht werden müssen. Der Sozialismus wird eine höhere Phase der Demokratie und der Freiheit darstellen – die in denkbar vollkommener Weise erfüllte Demokratie. In diesem Sinne müssen alle Freiheiten garantiert und weiterentwickelt werden, ob sie nun Ergebnis der großen bürgerlich-demokratischen Revolutionen sind oder der großen Volkskämpfe unseres Jahrhunderts, bei denen die Arbeiterklasse an der Spitze stand. Das gilt für die Freiheit des Denkens und des Publizierens, die Presse-, Versammlungs-, Organisations- und Demonstrationsfreiheit, die Freizügigkeit der Menschen im In- und Ausland, die Unverletzlichkeit des Privatlebens, die Freiheit des Glaubens, die vollständige Freiheit, Gruppen zu bilden und jegliche philosophische, kulturelle und künstlerische Ansicht zum Ausdruck zu bringen.

Die französischen und italienischen Kommunisten befürworten den Pluralismus der politischen Parteien, das Recht auf Existenz und Tätigkeit von Oppositionsparteien, die freie Bildung und die Möglichkeit des demokratischen Wechsels von Mehrheiten und Minderheiten, den laizistischen Charakter und das demokratische Funktionieren des Staates sowie die Unabhängigkeit der Justiz. Sie sprechen sich in gleicher Weise für die freie Betätigung und die Autonomie der Gewerkschaften aus; große Bedeutung messen sie der Entwicklung der Demokratie in den Betrieben bei, und zwar dergestalt, daß die Arbeiter wirksam an deren Leitung teilnehmen können und über weitreichende Entscheidungsmacht verfügen. Die demokratische Dezentralisierung des Staates muß den Regionen und den örtlichen Körperschaften zunehmend wichtige Aufgaben übertragen. Beide müssen über eine weitgehende Autonomie bei der Ausübung ihrer Macht verfügen.

Eine sozialistische Umgestaltung setzt die öffentliche Kontrolle über die wichtigsten Produktions- und Austauschmittel, ihre allmähliche Vergesellschaftung sowie eine demokratische Wirtschaftsplanung auf nationaler Ebene voraus. Der Sektor des kleinen und mittleren Eigentums in der Landwirtschaft, des Handwerks, der kleinen und mittleren Unternehmen in Industrie und Handel kann und muß eine spezifische und positive Rolle beim Aufbau des Sozialismus spielen.

Diese Umgestaltung kann nur das Ergebnis großer Kämpfe sowie machtvoller und weitreichender Massenbewegungen sein, die um die Arbeiterklasse die Mehrheit des Volkes vereinen. Sie fordert die Existenz, die Garantie und die Weiterentwicklung demokratischer Institutionen, die die Volkssouveränität vollständig verkörpern sowie die freie Ausübung des allgemeinen und direkten Verhältniswahlrechts. Dies ist der Rahmen, in dem nach Auffassung beider Parteien – die das Urteil der allgemeinen Wahl immer anerkannt haben und dies auch immer tun werden – die arbeitenden Klassen die Leitung des Staates übernehmen werden.

Die italienische Kommunistische Partei und die französische Kommunistische Partei messen all diesen Voraussetzungen des demokratischen Lebens einen grundsätzlichen Wert bei. Ihre Position ist nicht taktischer Natur, sondern ergibt sich aus ihrer Analyse der objektiven und spezifisch historischen Bedingungen ihrer Länder sowie aus ihren Überlegungen hinsichtlich der Gesamtheit der internationalen Erfahrungen.

Beide Parteien sind der Ansicht, daß in den Beziehungen zwischen allen Staaten – die im Rahmen einer neuen internationalen Arbeitsteilung von einer immer engeren Zusammenarbeit geprägt sein sollten – das Recht eines jeden Volkes garantiert sein muß, über sein eigenes politisches und soziales System souverän zu entscheiden. Sie unterstreichen daher die Notwendigkeit, gegen den Anspruch des amerikanischen Imperialismus zu kämpfen, sich in das Leben der Völker einzumischen. Sie sprechen sich gegen jede fremde Einmischung aus.

Beide Parteien sind der Auffassung, daß der Erfolg im Kampf gegen den Hauptfeind der Arbeiterklasse und der Volksmassen – den Monopolkapitalismus – nur gesichert werden kann, wenn es zu einem freien Einvernehmen zwischen verschiedenen sozialen und politischen Kräften kommt und die vereinte Arbeiterklasse unter ihnen eine Führungsfähigkeit zu er-

werben in der Lage ist. Diese breiten Bündnisse sind sowohl in der gegenwärtigen Phase wie auch beim Aufbau des Sozialismus notwendig.
Die Entwicklung einer festen und dauerhaften Zusammenarbeit zwischen den Kommunisten und den Sozialisten bildet die Grundlage für dieses breite Bündnis. Darüber hinaus kann man feststellen, daß heute breiten Schichten der katholischen Welt immer deutlicher der Widerspruch bewußt wird, der sich zwischen der Wirklichkeit des Imperialismus und des Kapitalismus einerseits und ihrem tiefen Streben nach Brüderlichkeit unter den Menschen, nach sozialer Gerechtigkeit, nach Bekräftigung der höchsten moralischen Werte und nach der vollen Verwirklichung der Persönlichkeit auftut. Dies schafft immer bessere Möglichkeiten für eine Begegnung zwischen den Kommunisten, der gesamten Arbeiterbewegung und den christlich inspirierten Volkskräften. Letztere können und müssen eine wichtige Rolle beim Aufbau einer neuen Gesellschaft spielen.
Angesichts der Krisensituation und der großen Aufgaben, die sich damit stellen, sind sich die beiden Parteien voll ihrer wachsenden Verantwortung und ihrer unersetzbaren Funktion bewußt.
Unter Bezugnahme auf die Schlußfolgerungen der Konferenz der kommunistischen Parteien des kapitalistischen Europa vom Januar 1974 in Brüssel bekräftigen beide Parteien ihre Absicht, die gemeinsame Aktion der kommunistischen und sozialistischen Parteien sowie aller demokratischen und fortschrittlichen Kräfte Europas gegen den Faschismus und gegen alle Gefährdungen der Freiheit voranzutreiben, um die Interessen der Arbeiterklasse und der Volksmassen zu verteidigen und um tiefgreifende demokratische Transformationen der wirtschaftlichen und sozialen Strukturen zu realisieren.
Angesichts der den Volksinteressen zutiefst widersprechenden Orientierung der monopolistischen multinationalen und nationalen Zentren und angesichts jener führenden Gruppen, deren Politik im Europa des Gemeinsamen Marktes eine Verschärfung der Arbeitslosigkeit und der sozialen Ungleichgewichte hervorruft, messen beide Parteien eine große Bedeutung der Entwicklung unitarischer Initiativen der Volks- und Linkskräfte bei, und zwar auch im Europäischen Parlament. Sie sollen der Demokratisierung der Zielsetzung und der Funktionsabläufe der Europäischen Wirtschaftsgemeinschaft sowie dem stufenweisen Aufbau eines demokratischen, friedlichen und unabhängigen Europa dienen.
In den entscheidenden Stunden, die Spanien durchlebt, verdammen beide Parteien – in der Gewißheit, darin die Überzeugung aller Demokraten wiederzugeben – in gleichem Geist jeden Versuch, das frankistische Regime in der einen oder anderen Form zu verewigen. Sie bekräftigen ihre kämpferische Solidarität mit der Arbeiterklasse und mit allen Antifaschisten Spaniens, die für die Rettung und die Befreiung der politischen Gefangenen sowie für eine Ordnung kämpfen, die die volle politische Freiheit gewährt.
Sie bringen darüber hinaus ihre Besorgnis über die Schwierigkeiten zum Ausdruck, die die junge Demokratie in Portugal durchmacht. Sie äußern den Wunsch, daß alle Arbeiter- und demokratischen Kräfte ihre Einheit im Kampf wiederfinden, um jeder reaktionären Drohung den Weg zu versperren und den demokratischen und sozialen Fortschritt dieses Landes zu garantieren.
Die Helsinki-Konferenz der europäischen Staaten, an deren Organisierung und Erfolg die Sowjetunion einen erstrangigen Anteil hatte, stellte einen wichtigen Schritt auf dem Weg der internationalen Entspannung und der Schaffung eines Systems kollektiver Sicherheit in Europa dar. Die friedliche Koexistenz ist die einzige Alternative zu einem Vernichtungskrieg. Sie ist eine Voraussetzung, um die Konflikte zwischen den Staaten zu lösen und um möglichst weitgehende und allseitige internationale Zusammenarbeit zu entwickeln. Die friedliche Koexistenz, die den sozialen und politischen *Status quo* nicht festschreibt, bietet den

günstigsten Boden für den Kampf gegen den Imperialismus, für die Demokratie und für den Sozialismus. Mit ihrem Engagement in diesem Kampf entwickeln beide Parteien ihre Aktionen zugunsten neuer Fortschritte des Friedens, der wechselseitigen und stufenweisen Rüstungsverminderung – bis hin zur allgemeinen Abrüstung – sowie der allmählichen Überwindung und Auflösung der Militärblöcke. Sie äußern ihre Absicht, zur Einheit all jener Kräfte beizutragen, die den Rüstungswettlauf stoppen wollen.
Die KPF und die KPI bekräftigen das Prinzip der Autonomie einer jeden Partei, der Achtung, der Nichteinmischung und des Internationalismus und sind bestrebt, ihre brüderliche Zusammenarbeit fortzusetzen und zu verstärken.

(Quelle: l'Unitá. 18. 11. 1975, S. 1 und 13)

Gemeinsame Erklärung der Konferenz der Führer der kommunistischen Parteien Spaniens, Italiens und Frankreichs in Madrid am 2. und 3. März 1977

Betrifft: Solidarität mit der spanischen KP – Legalisierung der KP – Freilassung der politischen Gefangenen – Übereinstimmung der politischen und sozialen Kräfte – Freiheitsrechte – Abrüstung und Sicherheit – Dialog zwischen allen demokratischen Kräften.

Am. 2 und 3. März 1977 fand in Madrid zwischen den Genossen Santiago Carillo, Generalsekretär der KPS, Enrico Berlinguer, Generalsekretär der KPI, und Georges Marchais, Generalsekretär der KPF, ein Treffen statt.
Georges Marchais und Enrico Berlinguer, die einer Einladung Santiago Carillos Folge leisteten, wollten der KPS und allen spanischen demokratischen Kräften die Solidarität der französischen und italienischen Kommunisten bei ihrer Aktion für die Demokratie und für den Aufbau eines freien Spaniens erneut bekräftigen.
In diesem Sinne verleihen die KPF und KPI ihrer Überzeugung Ausdruck, daß dem spanischen Volk die vollständige Herstellung der Demokratie gelingen wird, wobei ein wesentliches Element heute die Legalisierung der Kommunistischen Partei und aller demokratischen Kräfte ist, die für die Durchführung wirklich freier Wahlen unerläßlich ist. Sie bringen ihre Solidarität mit all jenen zum Ausdruck, die in Spanien tätig sind, um die Freilassung der politischen Gefangenen zu erreichen und um den faschistischen Provokationen und Verbrechen eine Niederlage zu bereiten, durch die der Marsch zur Demokratie behindert werden soll. Das Ende der Franco-Diktatur, das Ende des Faschismus in Portugal und in Griechenland ist eine wichtige und positive Veränderung in der europäischen Lage.
Der demokratische Fortschritt in Spanien ist von besonderem Interesse für das französische und das italienische Volk.
Die drei Länder machen gegenwärtig eine Krise durch, die zugleich ökonomischer, politischer, sozialer und moralischer Natur ist. Durch diese Krise wird die Forderung nach neuen Lösungen für die Entwicklung der Gesellschaft nachdrücklich unterstrichen. Über die Verschiedenartigkeit der Bedingungen in jedem der drei Länder hinaus bekräftigen die italienischen, französischen und spanischen Kommunisten die Notwendigkeit, die breiteste Übereinstimmung der politischen und sozialen Kräfte zu verwirklichen – die bereit sind, zu

einer Politik des Fortschritts und der Erneuerung beizutragen –, um eine positive Alternative zur Krise zu sichern und die reaktionären Orientierungen zu bekämpfen. Dazu ist die Präsenz der Werktätigen und ihrer Parteien bei der Führung des politischen Lebens erforderlich. Die Kommunisten, die gleichzeitig täglich die unmittelbaren Interessen der Werktätigen verteidigen, befürworten tiefgreifende demokratische Reformen.
Die Krise des kapitalistischen Systems fordert mit größerer Stärke als je zuvor dazu auf, die Demokratie zu entwickeln und vorwärts zum Sozialismus zu schreiten.
Die Kommunisten Spaniens, Frankreichs und Italiens wollen für den Aufbau einer neuen Gesellschaft in der Pluralität der politischen und gesellschaftlichen Kräfte, in der Achtung, Gewährleistung und Entwicklung aller kollektiven und persönlichen Freiheiten wirken: der Gedanken- und Redefreiheit, der Presse- und Versammlungsfreiheit, der Freiheit, Vereinigungen beizutreten, der Demonstrationsfreiheit, der Bewegungsfreiheit der Menschen in ihren eigenen Ländern und im Ausland, der gewerkschaftlichen Freiheit, der Unabhängigkeit der Gewerkschaften und des Streikrechts, der Unverletzbarkeit des Privatlebens, der Respektierung des allgemeinen Wahlrechts und der Möglichkeit des demokratischen Wechsels der Mehrheiten, der religiösen Freiheiten, der kulturellen Freiheit und der Freiheit der verschiedenen Strömungen und der Meinung auf philosophischer, kultureller und künstlerischer Ebene. Von diesem Willen, den Sozialismus in Demokratie und Freiheit zu verwirklichen, sind die Konzeptionen durchdrungen, die von den drei Parteien jeweils in völliger Unabhängigkeit erarbeitet wurden.
Die drei Parteien beabsichtigen, die internationalistische Solidarität und die Freundschaft auch in Zukunft auf der Grundlage der Unabhängigkeit jeder einzelnen Partei, der Gleichberechtigung, der Nichteinmischung, der Respektierung der freien Wahl der eigenen Wege und Lösungen für den Aufbau sozialistischer Gesellschaften entsprechend den Bedingungen in den einzelnen Ländern zu entwickeln.
Dieses Treffen in Madrid bietet für die spanischen, die italienischen und die französischen Kommunisten auch die Gelegenheit, die wesentliche Bedeutung zu bekräftigen, die sie neuen Schritten nach vorn auf dem Wege der Entspannung und der friedlichen Koexistenz, realen Fortschritten bei der Rüstungsreduzierung, der vollständigen Verwirklichung aller Bestimmungen der Schlußakte der Konferenz von Helsinki und einem positiven Verlauf des Belgrader Treffens, Aktionen für die Überwindung der Spaltung Europas in antagonistische Militärblöcke, der Herstellung neuer Beziehungen zwischen den entwickelten und den Entwicklungsländern und einer neuen internationalen Wirtschaftsordnung beimessen.
So sehen die drei Parteien die Perspektive eines friedlichen, demokratischen und unabhängigen Europas ohne Militärstützpunkte und ohne Wettrüsten sowie des Mittelmeeres als einem Meer des Friedens und der Zusammenarbeit zwischen den Anliegerländern.
Das freie Spanien, für das die spanischen Kommunisten und alle demokratischen Kräfte kämpfen, wird für Europa ein bedeutender Faktor der Demokratie, des Fortschritts und des Friedens sein. Zu diesem Zwecke ist es notwendig und möglich, daß die Unterschiedlichkeit der Ideen und der Traditionen gegenüber dem Dialog und dem Streben nach Übereinstimmung und allseitiger Verständigung zwischen den Kommunisten, den Sozialisten und den christlichen Kräften, zwischen allen demokratischen Kräften, in den Hintergrund tritt. Im Laufe der letzten Jahre war die Sache der Freiheit in Spanien das Feld für gemeinsame Aktionen. Von der Hauptstadt eines Spaniens aus, das den Weg der demokratischen Wiedergeburt betritt, rufen die Kommunisten der drei Länder heute zur Einheit aller Kräfte auf, die Demokratie und Fortschritt wünschen.

(Quelle: Neues Deutschland, Nr. 54, 4. 3. 1977).

2. Parlamentsstatistik westeuropäischer Staaten

Frankreich

Sitzverteilung in der Nationalversammlung nach den Wahlen von 1968, 1973, 1978

Parteien	März 1978	März 1973	Jan. 1968
1. Rassemblement pour la République (Gaullisten)	148	183	297
2. Parti Républicain (unabh. Republikaner) } (Union f. d. französ. Demokratie, „Präsidialmehrheit“)	137	119	58
3. Centre des Démocrates Sociaux }			5
4. Parti Radical }			29
5. Centre national des Indépendants et Paysaes (Unabh., Versch.)	6	13	3
6. Communistes, Socialistes und Radicaux de gauche (Kommunisten, Sozialisten u. Linksrad.)	200	175	90

Koalitionsregierung aus Gaullisten und den Parteien der Union für die französische Demokratie unter Premierminister Barre

Italien

Sitzverteilung im Parlament nach den Wahlen von 1968, 1972, 1976

Parteien	1976	1972	1968
1. Democrazia Cristiana (Christdemokr.)	262	266	266
2. Partito Comunista Italiano (Kommunisten)	228	179	177
3. Partito Socialista Italiano (Sozialisten)	57	61	91
4. Movimento Sociale Italiano – Destra Nazionale (Neofasch.)	35	56	24
5. Partito Socialista Democratico Italiano (Sozialdemokr.)	15	29	–
6. Partito Liberale Italiano (Liberale)	5	20	31
7. Partito Republicano Italiano (Republikaner)	14	15	9
8. Partito Radicale Italiano	4	–	–
9. Democrazia Proletaria	6	–	–
10. Südtiroler Volkspartei	3	3	3
11. Partito Democratico di Unità Proletaria	1	–	–

Minderheitsregierung unter Ministerpräsident Andreotti (Christdemokraten)

Spanien

Sitzverteilung im Abgeordnetenhaus nach den Wahlen 1977

Parteien	Juni 1977
1. Unión de Centro Democrático (Demokr. Zentrum)	165
2. Partido Socialista Obrero Español (Sozialisten)	103
3. Alianza Popular	16
4. Socialistes de Catalunya	15
5. Partido Comunista de España (Kommunisten)	12
6. Pacte Demokratic per Catalunya	11
7. Partido Nacionalista Vasco	8
8. Partit Socialista Unificat de Catalunya	8
9. Partido Socialista Popular (Unidad Socialista)	3
10. Coalición Electoral Unió del Centre i la Democracia Cristiana de Catalunya	2
11. Unidad Socialista (PSP-Partido Socialista de Andalucía)	1
12. Unidad Socialista (PSPV-PSP)	1
13. Candidatura Independiente del Centro (Castellón)	1
14. Candidatura Aragonesa Independiente del Centro (Zaragoza)	1
15. Unidad Socialista (Zaragoza)	1
16. Euskadiko Ezquerra (Izquierda de Euskadi)	1
17. Esquerra de Catalunya (Front Electoral Democratic)	1

Minderheitsregierung unter Ministerpräsident Adolfo Suarez (Demokratisches Zentrum)

Portugal

Sitzverteilung im Parlament nach den Wahlen von 1975 und 1976

Parteien	1976	1975
1. Partido Socialista (Sozialisten)	106	115
2. Partido Popular Democratico (Sozialdemokr.)	73	80
3. Partido del Centro Democratico Social (Christl. Demokr.)	42	16
4. Partido Communista Portugues (Kommunisten)	40	30
5. Movimento Democratico Portugues	–	5
6. Unidad Democratica Popular	1	1

Koalitionsregierung von Sozialisten und Christl. Demokraten unter Ministerpräsident Mario Soares (Sozialisten)

Griechenland

Sitzverteilung im Parlament nach den Wahlen von 1974 und 1977

Parteien	1977	1974
1. Nea Demokratia (Neue Demokratie)	173	216
2. Edik (Zentrums-Union, Konserv.)	15	61
3. PA.SO.K (Panhellenische Sozialist. Bewegung)	92	15
4. Kommunisticó Komma Elladas (Kommunisten)	11	8
5. Sonstige	9	–

Regierung der Neuen Demokratie unter Ministerpräsident Karamanlis

Großbritannien

Sitzverteilung im Unterhaus nach den Wahlen von 1966, 1970, 1974

Parteien	1974	1970	1966
1. Labour Party	319	287	363
2. Conservative and Unionist Party	277	330	253
3. Liberal Party	13	6	12
4. Sonstige	26	7	2

Labour-Regierung unter Premierminister Callaghan

Republik Irland

Sitzverteilung im Parlament nach den Wahlen von 1965, 1969, 1973, 1977

Parteien	1977	1973	1969	1965
1. Fianna Fail (Konservative)	84	72	75	69
2. Fine Gael (Liberale)	43	47	50	54
3. Labour Party	17	22	17	19
4. Sonstige	6	2	1	2

Fianna-Fail-Regierung unter Premierminister Lynch

Belgien

Sitzverteilung im Parlament nach den Wahlen von 1971, 1974, 1977

Parteien	1977	1974	1971
1. Christelijke Volkspartij / Parti Social-Chrétien (Christdemokr.)	80	72	67
2. Parti socialiste belge (Sozialisten)	62	59	61
3. Liberale Drie Partijen Coalitie	33	30	34
4. Belgische communistische Partij	2	4	5
5. Volksunie	20	22	21
6. Front Démocratique des Francophones – Rassemblement wallon (Wallonische Regionalpartei)	15	22	24
7. Sonstige	–	3	–

Koalitionsregierung von Christdemokraten, Sozialisten, Volksunie, der wallonischen Sammlungsbewegung und den Frankophonen unter Ministerpräsident Tindemans (Christdemokraten)

Niederlande

Sitzverteilung im Parlament nach den Wahlen von 1972 und 1977

Parteien	1977	1972
1. Partij van de Arbeid (Sozialisten)	53	43
2. Christen Democratisch Appèl (Christdemokr.)	49	48
3. Volkspartij voor Vrijheid en Democratie	28	22
4. Demokraten 66	8	6
5. Politieke Partij Radikalen	3	7
6. Staatskundig Gereformeerde Partij	3	3
7. Communistische Partij Nederland	2	7
8. Demokraten Socialisten '70	1	6
9. Boerenpartij	1	3
10. Gereformeerd Politiek Verband	1	2
11. Pacifistische Socialistische Partij	1	2

Koalitionsregierung von Christdemokraten und Volkspartij voor Vrijheid en Democratie unter Ministerpräsident van Agt (Christdemokraten)

Luxemburg

Sitzverteilung im Parlament nach den Wahlen von 1964, 1968, 1974

Parteien	1974	1968	1964
1. Parti Chrétien Social (Christl.-Soziale)	18	21	22
2. Parti Ouvrier Socialiste Luxembourgeois (Sozialisten)	17	18	21
3. Liberal Partei Lötzeburg	14	11	6
4. Parti Social Démocrate (Sozialdemokr.)	5	–	–
5. Parti Communiste	5	6	5

Koalitionsregierung der Sozialisten mit den Liberalen unter Ministerpräsident Thorn (Liberale)

Dänemark

Sitzverteilung im Parlament nach den Wahlen von 1973, 1975, 1977

Parteien	1977	1975	1973
1. Socialdemokratiet (Sozialdemokr.)	65	53	46
2. Fremskridtspartiet (Fortschrittspartei)	26	24	28
3. Venstre, Danmarks liberale parti (Liberale)	21	42	22
4. Det konservative folkeparti (Konservative)	15	10	16
5. Centrum-Demokraterne (Zentrumsdemokr.)	11	4	14
6. Socialistisk folkeparti (Sozialisten)	7	9	11
7. Danmarks kommunistiske parti (Kommunisten)	7	7	6
8. Det Radikale venstre	6	13	20
9. Kristeligt folkeparti	6	9	7
10. Danmarks Retsforbund	6	–	5
11. Venstresocialisterne	5	4	–

Minderheitsregierung der Sozialdemokraten unter Ministerpräsident Jörgensen

Norwegen

Sitzverteilung im Parlament nach den Wahlen von 1973 und 1977

Parteien	September 1977	September 1973
1. Det Norske Arbeider Parti (Arbeiterpartei)	76	62
2. Høyres Landsstyre (Konservative)	41	29
3. Kristelig Folkeparti (Christl. Volkspartei)	22	20
4. Senter Partiet (Agrarpartei)	12	21
5. Venstre (Liberale)	2	2
6. Socialistisk Venstre Parti (Sozialist. Linkspartei)	2	16
7. Fremskrittpartiet	–	4
8. Det Nje Folkepartiet	–	1

Koalitionsregierung der Arbeiterpartei mit der Sozialistischen Linkspartei unter Ministerpräsident Nordli (Arbeiterpartei)

III. Ausgewählte Literatur

Das Schrifttum zu den behandelten Themenkreisen ist außerordentlich umfangreich. Deshalb kann hier nur eine kleine Literaturauswahl verschiedener Richtungen vorgestellt werden, die sich allgemein mit Kommunismus, Eurokommunismus und Sozialismus beschäftigt.
Einen vollständigen Überblick über die allgemeine Literatur und die Spezialliteratur für die behandelten Länder bieten die zwei vom Sozialwissenschaftlichen Forschungsinstitut der Konrad-Adenauer-Stiftung herausgegebenen Sammelbände „Sozialistische und kommunistische Parteien in Westeuropa" (UTB-Leske Verlag, Opladen 1978).

Abosch, H., Das Problem des Eurokommunismus, in: Neue Rundschau, Berlin, Jg. 88, 1977, H. 1.
ders., Ein neues Schisma? in: Merkur, Stuttgart, Jg. 30, 1976, H. 7.
Antic, Z., Eurokommunismus – Eine Gefahr und eine Herausforderung (I), in: Politische Studien, 28. Jg., November–Dezember 1977, H. 236.
Barca, Berlinguer, Gruppi u. a., Sozialismus für Italien. Programm einer gesellschaftlichen Umgestaltung. Homburg – Berlin (West) 1977.
Bartsch, G., Die Entfremdungsfetischisten. Zur Marxismus-Diskussion in Ost- und Westeuropa, in: Politische Studien, München, Jg. 17, 1966, H. 166.
ders., Kommunismus, Sozialismus, Anarchismus. Freiburg 1976.
Berlinguer, Gramsci, Longo, Togliatti, Der historische Kompromiß. Hrsg. von Pietro Valenza. Berlin (West) 1976.
Bondy, F., Eurokommunismus – Das Wort und die Sache, in: Merkur, Stuttgart, November 1977, H. 11.
Born, W.-R., Euro-Kommunismus, in: Liberal, Bonn, Jg. 19, 1977, H. 3, in Fortsetzungen.
Brauch, H.-G., Eurokommunismus und Atlantische Allianz: amerikanische Optionen, in: Frankfurter Hefte, Zeitschrift für Kultur und Politik, Jg. 32, Mai 1977, H. 5.
Carillo, S., Eurokommunismus und Staat. Berlin 1977.
Dalma, A. u. a., Euro-Kommunismus: Italien, Frankreich, Jugoslawien, Spanien, Portugal. Zürich 1977.
Dirks, W., Euro-Kommunismus? Eine Perspektive und ein Signal, in: Frankfurter Hefte, Jg. 31, 1976, H. 6.
Drews, J., Europa in 10 Jahren kommunistisch? Die Volksfront rüstet sich für die Regierungsbeteiligung, in: Mittelstands-Magazin, Bonn, 1976, H. 5.
Flechtheim, O. K., Weltkommunismus im Wandel. Köln 1965.
Hennis, W., Organisierter Sozialismus. Stuttgart 1977.
Höpker, W., Kommunismus in Skandinavien. Restauration im Gewande des Linkssozialismus, in: Osteuropa-Archiv, Stuttgart, Jg. 17, 1967, H. 12.
Hornung, K., Der faszinierende Irrtum. Karl Marx und die Folgen. Freiburg/Brsg. 1978.
Huyn, Graf H., Kommt Volksfront Europa? in: Zeitbühne, München, Jg. 5, 1976, H. 9
Kernig, K. D., (ed) Die kommunistischen Parteien der Welt. Freiburg/ Brsg., Basel, Wien 1969. (= Sowjetsystem und demokratische Gesellschaft)

Kimmel, A., Kommunismus in Lateineuropa. Köln 1977.
ders., Zwischen Stalinismus und Eurokommunismus (I), in: Neue Politische Literatur, April–Juni 1977, H. 2.
Kogon, E., Der Eurokommunismus – eine Gefahr? in: Frankfurter Hefte, Jg. 32, 1977, H. 6.
Kohlmaier, H., Zur Strategie der Trendumkehr in Europa, in: Sonde, Neuwied, Jg. 6, 1973, Nr. 2.
Lamberg, R. F., „Volksfront"–Tendenzen im westeuropäischen Kommunismus. Der sowjetisch-chinesische Konflikt und die Suche nach neuen taktischen Konflikten, in: Europa-Archiv, Frankfurt/M, Jg. 19, 1964, Folge 7.
Leonhard, W., Was ist Kommunismus? Wandlungen einer Ideologie. München, Gütersloh, Wien 1976.
ders., Eurokommunismus – Herausforderung für Ost und West. München 1978.
Marko, K., Kommunismus, Europa und die Universität. – Eine unfreundliche Betrachtung, in: Deutsche Rundschau, Baden-Baden, Jg. 88, 1962, H. 7.
Möller / Vilmar, Sozialistische Friedenspolitik für Europa. Reinbek 1972.
Müller, E.-P., Jungsozialisten – zwischen Reform und Revolution. Köln, 1974.
Nolte, E., Zwischen heißem und kalten Krieg. – Die Rolle der Kommunisten in Europa, in: Die Politische Meinung, Bonn, Jg. 19, 1974, H. 155.
Oberndörfer, D., (Hrsg.) Sozialistische und kommunistische Parteien in Westeuropa, Bd. 1: Südländer, Opladen 1978.
Ein 2. Band, der ebenfalls vom Sozialwissenschaftlichen Forschungsinstitut der Konrad-Adenauer-Stiftung herausgegeben wird und die skandinavischen Staaten und Großbritannien umfaßt, ist in Vorbereitung und erscheint voraussichtlich im Herbst 1978 (Opladen).
Oberndörfer, D., Jäger, W., Marx, Mao, Lenin. – Revolution und neue Gesellschaft. Stuttgart 1974.
Papcke, S., Was ist neu am Euro-Kommunismus? in: Die neue Gesellschaft, Bonn, Jg. 23, 1976, H. 11.
Paul, G., Kritik und Aktualität der Volksfrontkonzeption, in: Übergangsgesellschaft – Herrschaftsform und Praxis am Beispiel der Sowjetunion, Frankfurt/M. 1974.
Rühle, J., Eurokommunismus – Arzt an wessen Krankenbett? in: Deutschland-Archiv, Köln, Jg. 10, April 1977, H. 4.
Sagladin, W. u. W. u. a., Die kommunistische Weltbewegung. Frankfurt 1976.
Seeber, D. A., Wandel im Weltkommunismus? in: Herder- Korrespondenz, Freiburg/Brsg., Jg. 30, 1976, H. 3.
Sozialistische Internationale, Statuten und Deklaration über Ziele und Aufgaben des demokratischen Sozialismus, beschlossen auf der Konferenz in Frankfurt a./M. vom 30. Juni bis 3. Juli 1951, in: Keesing's Archiv der Gegenwart 1951, S. 3011 ff.
Spieker, M., Neomarxismus und Christentum. Paderborn ²1976.
ders., Demokratie oder Diktatur? Zur Ideologie des Eurokommunismus, in: Politische Vierteljahresschrift, 1978, H. 1.
Schelsky, H., Der selbständige und der betreute Mensch. Stuttgart 1976.
Schulz, K. P., Widerstand gegen eine „Volksfront" Europa. – Die Entartung der „demokratischen Linken", in: Die Politische Meinung, Bonn, Jg. 21, 1976, H. 165.
Steinkühler, M., Einheit und Vielfalt des Kommunismus in Europa, in: Außenpolitik, Hamburg, Jg. 27, 1976, H. 4.
ders., Ursprung und Konzept des Eurokommunismus – Gespräch mit Frane Barbieri, in: Deutschland-Archiv, Köln, Jg. 10, April 1977, H. 4.
ders., Eurokommunismus im Widerspruch. Köln 1977.

Studnitz, H. G., Im Zeichen des Eurokommunismus, in: Zeitbühne, München, Jg. 5, 1976, H. 9.

Timmermann, H., Eurokommunismus – Eine Herausforderung für Ost und West, in: Deutschland-Archiv, Köln, Jg. 9, 1976, H. 12.

ders., Modellvarianten der Einheit und Zusammenarbeit in der kommunistischen Weltbewegung, in: Aus Politik und Zeitgeschichte B 45/71 vom 6. Nov. 1971.

ders., Westeuropas Kommunisten und die Politik der Entspannung, in: Aus Politik und Zeitgeschichte, B 21/75 vom 24. Mai 1975.

ders., Eurokommunismus – Gefahr oder Chance? in: Dokumente, 1976, H. 32.

ders., Kommunisten in Westeuropa: Ihre Einflußzonen und ihre Konzeptionen, in: Beiträge zur Konfliktforschung, Köln, Jg. 5, 1975, H. 4.

ders., Was wollen die Westkommunisten? in: Deutschland-Archiv, Köln, Jg. 6, 1973, H. 6.

ders., Zwischen Weltbewegung und regionaler Kooperation – die Zusammenarbeit der kommunistischen Parteien, in: Die Zusammenarbeit der Parteien in Westeuropa, Europäische Schriften des Instituts für Europäische Politik, Band 43/44, Bonn 1976.

Veen, H.-J., Marschiert Europa nach links? Eine kritische Analyse der sozialistischen und kommunistischen Parteien, in: Die Politische Meinung, Bonn, 1978, H. 176.

Westen, K., Die führende Rolle der Kommunistischen Partei im sozialistischen Staat. (= Berichte des Bundesinstituts für Ostwissenschaftliche und Internationale Studien, 1970)

Wölke, G., Revisionismus und demokratischer Sozialismus, in: Politische Studien, (März/April 1977), H. 232.